Kyoto auf einen Blick

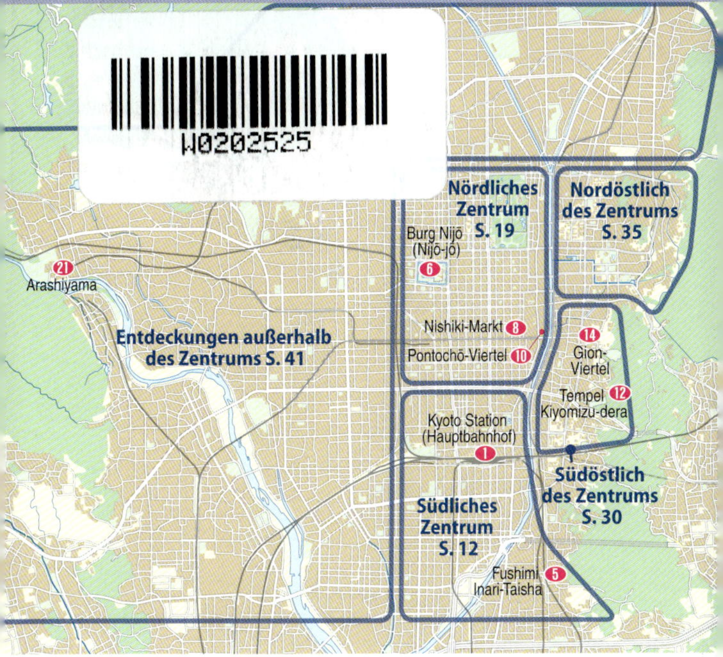

nhalt

An sonnigen Tagen erstrahlt der Goldene Pavillon (Kinkaku-ji) ⓳ *seiner goldenen Pracht (005ky-ld)*

Lars Dörenmeier

CITY|TRIP

KYOTO

Nicht verpassen!

Karte S. 3

1 Kyoto Station [C7]
Bereits am hypermodernen Hauptbahnhof wird den Besuchern Kyotos bewusst, dass die alte Kaiserstadt längst nicht nur historische Attraktionen zu bieten hat (s. S. 12).

5 Fushimi Inari-Taisha [ek]
Die ikonischen, zinnoberroten Toriis dieses Shintō-Schreins stehen zu Tausenden dicht gedrängt im Wald und bilden regelrechte Torii-Tunnel – ein spektakulärer Anblick (s. S. 17).

6 Burg Nijō (Nijō-jō) [A3]
Vor rund 400 Jahren wurde die prächtige Palastanlage als Residenz des Shōguns in Kyoto errichtet und ist noch heute im Originalzustand erhalten (s. S. 19).

8 Nishiki-Markt [C4]
Die japanische Kultur von ihrer kulinarischen Seite entdecken? Auf dem zentralen Nishiki-Markt kann man sich wunderbar durch die Vielfalt der Landesküche futtern (s. S. 23).

10 Pontochō-Viertel [D4]
Nach Einbruch der Dunkelheit verwandelt sich das übersichtliche Quartier am Ufer des Kamo-Flusses in ein illuminiertes Japan des 19. Jahrhunderts. Mit etwas Glück läuft einem hier eine Geisha über den Weg (s. S. 27).

12 Tempel Kiyomizu-dera [F6]
An einem Berghang im Osten gelegen, ist der Tempelkomplex ein Zeugnis der Religionsgeschichte Kyotos und zugleich ein populärer Aussichtspunkt mit Blick über die Stadt (s. S. 31).

14 Gion-Viertel [D4]
Das berühmteste Geisha-Viertel Japans fasziniert seit über drei Jahrhunderten seine Besucher: Hier lassen sich historische Stadthäuser bewundern und mit etwas Glück kreuzt sogar eine Geisha den Weg (s. S. 34).

21 Arashiyama [ai]
Tempel, Wälder, Berge und ein Fluss stellen die Attraktionen in Arashiyama dar. Ob ein köstliches Matcha-Eis oder der beeindruckende Sagano-Bambuswald – hier finden Besucher reichlich Abwechslung (s. S. 44).

Leichte Orientierung mit dem cleveren Nummernsystem
Die Sehenswürdigkeiten sind im Text und im Kartenmaterial mit derselben **magentafarbenen ovalen Nummer 1** markiert. Alle anderen Lokalitäten wie Geschäfte, Restaurants usw. tragen ein **Symbol und eine fortlaufende rote Nummer** (1). Die Liste aller Orte befindet sich auf Seite 141, die Zeichenerklärung auf Seite 144.

Zeichenerklärung

★★★ nicht verpassen
★★ besonders sehenswert
★ wichtig für speziell interessierte Besucher

[A1] Planquadrat im Kartenmaterial. Orte ohne diese Angabe liegen außerhalb unserer Karten. Ihre Lage kann aber wie die von allen Ortsmarken mithilfe der begleitenden Web-App angezeigt werden (s. S. 144).

Updates zum Buch

www.reise-know-how.de/citytrip/kyoto19

Adressangaben

Eine **Anschrift** in Kyoto zu finden, ist nicht ganz einfach, da nur größere Straßen einen Namen tragen. Grundsätzlich beinhaltet die Adresse die Präfektur, die Stadt, das Stadtviertel *(-ku)*, teilweise das Unterviertel (*-chō*, mit oder ohne Bindestrich), den Block (die erste Zahl in der Adresse) und die Hausnummer (die zweite Zahl). Allerdings sind Letztere oft nicht nachvollziehbar, da sie im Uhrzeigersinn oder nach Baujahren vergeben werden. Steht das Gebäude an einer Straße mit Namen, wird diese meist genannt. Auch werden in Kyoto teilweise noch geografische Erklärungen (z. B. südlich der Shijō-dori) ergänzt.

Die Japaner beginnen beim Zählen der **Stockwerke** bei der Eins. Deshalb ist das Erdgeschoss, z. B. im Fahrstuhl, immer mit „1" markiert. Die mitteleuropäische 1. Etage ist in Japan also die 2. usw. Zur Vermeidung von Missverständnissen wird bei Adressangaben in diesem Buch die japanische Zählweise genutzt.

Zwar hat Kyoto als historische Kaiserstadt, die mit UNESCO-Weltkulturerbestätten übersät ist, Weltruhm erlangt, aber gleichzeitig stellt die 1,5-Millionen-Metropole auch eine moderne japanische Stadt des 21. Jahrhunderts dar. Gerade noch steht man staunend vor einem 1200 Jahre alten Bauwerk, um dann nur wenige Minuten später mit einem Hightech-Tablet im Restaurant sein Essen zu bestellen.

Oft sind es nur wenige Schritte von einer historischen Epoche zur nächsten und genau das macht Kyoto so spannend. Hier zwei besondere Empfehlungen:

Kyoto Railway Museum

Der Faszination der stets pünktlichen und 300 km/h schnellen Shinkansen-Züge kann sich kaum jemand entziehen und eine Fahrt damit gehört einfach zu einer Japan-Reise dazu. Die Entwicklung des japanischen Eisenbahnwesens, von der Dampflok bis zu besagter „Rakete auf Schienen", zeichnet das moderne, 2016 eröffnete Eisenbahnmuseum mit einer Vielzahl an Exponaten nach (s. S. 55).

Ramen Factory Kyoto

Im Restaurant bestellen und das vom Personal zubereitete Mahl verzehren kann jeder. Warum also nicht mal selbst Hand anlegen? In der Ramen Factory kann man unter kompetenter Anleitung eigenhändig eine Ramensuppe kreieren und anschließend dann auch verköstigen – sogar mit frisch hergestellten Nudeln. Auf diese Weise gibt es garantiert keine Beschwerden beim Küchenchef (s. S. 63).

006ky-ld

KYOTO ENTDECKEN

Willkommen in Kyoto

Im Gegensatz zu europäischen Metropolen, die oftmals mit einem historischen Stadtkern aufwarten können, gibt es in Kyoto weder eine klassische Altstadt noch ein Stadtzentrum im ursprünglichen Sinne. Die Metropole weist eine relativ **große Flächenausdehnung** auf: Ohne die **Nutzung des öffentlichen Nahverkehrs** oder eines individuellen Verkehrsmittels ist die Erkundung nur schwer möglich, da sich die Hauptsehenswürdigkeiten über das gesamte Stadtgebiet verteilen. Die strukturelle Einteilung dieses Buches erfolgt deshalb nach geografischer Nähe bzw. nach Himmelsrichtungen.

Die **Distanzen** zwischen den Sehenswürdigkeiten, Tempeln und Naturdenkmälern sind relativ groß und für den Transport von A nach B muss entsprechend **Zeit** eingeplant werden. So sind es vom Fushimi-Inari-Schrein ❺ im südlichen Zentrum zum Kurama-dera-Tempel (s. S. 52) im Norden ganze 18 Kilometer – die reine Fahrzeit mit den durchaus flotten Lokalzügen beträgt also über eine Stunde. Für den Transfer vom Kiyomizu-dera-Tempel ⓬ im Osten nach Arashiyama ㉑ im Westen sollte man ebenfalls mehr als eine Stunde veranschlagen.

Da die populären **Busse** der Stadt (s. S. 123) zu den Hauptverkehrszeiten voll ausgelastet und die Straßen der Millionenmetropole dann von Staus geprägt sind, sollte man, wann immer möglich, auf den **Schienenverkehr**, also **U-Bahn** (s. S. 126) und **Nahverkehrszüge** (s. S. 127), zurückgreifen. Für den individuellen Transport in Kyoto kann man ferner auf **Taxis** (s. S. 128) oder – noch besser – auf das **Fahrrad** (s. S. 110) setzen. Zusätzlich ist es sinnvoll, die Erkundungen und Besichtigungen **nach Regionen zu strukturieren**, die nicht zu weit auseinanderliegen.

Das **kommerzielle Zentrum** Kyotos gruppiert sich rund um die **Shijō-dori** [A–D4]: Hier findet man unzählige Geschäfte, riesige Kaufhäuser und die wichtigsten Einkaufspassagen wie Teramachi und Shinkyogoku ❾. Die Mehrzahl der gastronomischen Einrichtungen ist ebenfalls hier angesiedelt, ebenso wie das Epizentrum des **Nachtlebens.** Ein weiteres innenstädtisches Areal, in dem es brummt und das unmissverständlich klar macht, dass Kyoto eine Millionenmetropole ist, erstreckt sich rund um den Hauptbahnhof **Kyoto Station** ❶.

Kyoto ist auf drei Seiten von **Bergen** umgeben und je weiter man sich aus dem Zentrum entfernt, desto ruhiger und grüner wird es ringsum. Nur in Richtung Süden sucht man vergebens nach ursprünglicher Natur, denn die Wohngebiete der Stadt haben sich vor allem in diese Himmelsrichtung ausgebreitet. Besonders in den nördlichen Bergen, nach gerade einmal 30 Minuten Fahrzeit mit der Eizan-Linie (s. S. 127) aus der Innenstadt, kann man in den Dörfern teilweise noch das alte, ländlich geprägte Japan aufspüren.

Auch in **Arashiyama** (im Westen) oder **Higashiyama** [D–E5] (im Osten) findet man abseits der kulturell und architektonisch bedeutenden Tempel und Sehenswürdigkeiten noch

◁ Vorseite: Zur Kirschblüte (s. S. 79) kommt ganz Kyoto zusammen

▷ Vom Kyoto Tower ❷ aus genießt man ein 360-Grad-Panorama

ruhige Viertel und beschauliche Gebiete. Oftmals reichen wenige Gehminuten und unversehens ist man im Wald für sich oder entdeckt das eine oder andere verschlafene Wohnviertel (s. S. 75).

Kurztrip nach Kyoto

Tag 1

Am ersten Tag empfiehlt es sich, in der ersten Tageshälfte dem im Buch beschriebenen **Stadtspaziergang** (s. S. 11) zu folgen und so einen Eindruck von der Stadt und ein Gespür für sie zu gewinnen. So lernt man ganz nebenbei, sich in Kyoto zu orientieren und die öffentlichen Verkehrsmittel zu nutzen.

Im Anschluss kann man im Laufe des Nachmittags mit Bus und Bahn zu den zentral gelegenen **Haltestellen Kawaramachi** [D4] **oder Karasuma** [C4] fahren. Von dort gelangt man zum sehenswerten **Nishiki-Markt ❽** – hier kann man die Küche der Region Kansai ausgiebig probieren. Außerdem bieten die **überdachten Shoppingarkaden Teramachi und Shinkyogoku ❾** sowie die umgebenden Straßen ein spannendes Kontrastprogramm zu den jahrhundertealten Tempeln, die man im Laufe des Vormittags besichtigt hat.

Mit Einbruch der Dunkelheit erwachen die alten **Vergnügungsviertel Pontochō ❿ und Gion ⓮**, die vom kommerziellen Zentrum fußläufig zu erreichen sind, zum Leben. Nun hat man sich ein **kräftiges Abendessen** mehr als verdient: Unzählige Speisestätten locken den hungrigen Stadterkunder in ihre mit Lampions illuminierten Gasträume.

EXTRATIPP

Kyoto von oben

Der perfekte Ort, um sich einen umfassenden Überblick über Kyoto zu verschaffen, ist der **Kyoto Tower ❷**. Von der **Aussichtsplattform** in 100 m Höhe kann man den Blick über die Stadt und die angrenzenden Berge schweifen lassen, die an- und abfahrenden Shinkansen-Schnellzüge beobachten und an klaren Tagen sogar die Hochhäuser am nördlichen Stadtrand von Osaka ausmachen.

007ky-ld

Das gibt es nur in Kyoto

- *Insgesamt **17 religiöse Bauwerke** in der Präfektur Kyoto haben seit 1994 den **Weltkulturerbe-Status der UNESCO** inne: Weltrekord für eine Stadt (s. S. 14)!*
- *Rein rechnerisch besucht ein Drittel der Japaner jährlich die Stadt, die vor über 150 Jahren den Hauptstadtstatus verlor. Das sind rund **40 Mio. einheimische Besucher** pro Jahr.*
- *Das farbenprächtige, fröhliche Stadtfestival **Gion Matsuri** (s. S. 78), das sogar in die Liste des immateriellen Weltkulturerbes aufgenommen wurde, lockt alljährlich über eine Million Besucher an.*
- *Obwohl man **Geishas** (s. S. 28) auch in anderen japanischen Städten antreffen kann, gibt es nirgendwo so viele Frauen, die diese jahrhundertealte Tradition so anmutig praktizieren.*
- *Besichtigte man täglich fünf religiöse Stätten in Kyoto, wäre man über ein Jahr beschäftigt, um die ca. **1600 buddhistischen Tempel** und die über **400 shintoistischen Schreine** zu erkunden (zur Religion in Japan: s. S. 90).*

008ky-ld

Tag 2

Ab Kyoto Station ❶ geht es mit der **Nara-Linie** (s. S. 127) der Japanische Bahn (JR) zum **Fushimi Inari-Taisha** ❺. Zunächst erkundet man den längsten **„Torii-Tunnel“** der Stadt: Die roten Tore sind das bestimmende architektonische Element des Schreins – und ein echter Augenschmaus. Kleine **Imbissbuden** bieten nach der moderaten Bergtour eine kulinarische Stärkung an.

Mit der Bahn geht es zurück zur Kyoto Station, dort steigt man in einen Zug der **Sagano-Linie** (s. S. 127) und fährt bis zur Haltestelle Nijō. Rund 10–12 Gehminuten vom Bahnhof entfernt befindet sich der Eingang zur spektakulären **Burg Nijō** ❻, die man keinesfalls verpassen sollte. Nach der ausführlichen Erkundung des Samurai-Anwesens geht es zurück zur Nijō Station, erneut wird die Sagano-Linie stadtauswärts bestiegen. An der Haltestelle Saga-Arashiyama verlässt man den Zug und befindet sich nur ca. 10 Minuten vom Zentrum **Arashiyamas** ㉑ entfernt: Ob **Tempel, Bambuswald** oder die berühmten **Japanmakaken** im Iwatayama Monkey Park – das Besichtigungsangebot ist groß. Ob man hier sein Abendessen zu sich nimmt oder wieder ins Stadtzentrum zurückfährt, kann jeder für sich entscheiden. Aber die Eindrücke dieses Tages werden gewiss unvergesslich bleiben!

[>] Der Philosophenweg ⓱ verzaubert nicht nur zur Kirschblüte

[<] Farbenfrohe Kimonos gehören in Kyoto zum Stadtbild

Stadtspaziergang

Dieser Spaziergang hat eine Länge von **ca. 3,5 Kilometer** und nimmt, je nach Besichtigungsintensität rund **drei bis vier Stunden** in Anspruch.

Er führt durch den in weiten Teilen beschaulichen **Nordosten** Kyotos. **Startpunkt** ist der **Silberne Pavillon (Ginkaku-ji)** 18, den man mit den Buslinien 5, 17 oder 100 ab Kyoto Station 1 erreicht (Fahrzeit: ca. 40 Minuten). Nach dem Ausstieg folgt man der Hauptstraße wenige Minuten nach Osten und achtet auf die Wegmarkierungen: Die **Steinbrücke** über den schmalen Kanal ist der richtige Weg.

Nach dem Besuch des Pavillons und der reizvollen **Gartenanlage** geht man wieder zurück und biegt unmittelbar hinter der Brücke links ab. Die nächsten knapp zwei Kilometer dient der schmale **Biwasee-Kanal** als Orientierung: Man folgt ihm auf seiner schlängelnden Route, die rechts und links von **Kirschbäumen** flankiert wird. Der Fußweg auf der rechten Seite des Kanals ist der berühmte **Philosophenweg** 17. Beiderseits des Pfads laden **Cafés** und kleine **Geschäfte** zur Einkehr ein. Auf Bänken kann man verschnaufen und die Atmosphäre aufsaugen (besonders am frühen Morgen geht es hier noch sehr verschlafen zu). Der Philosophenweg endet an einer kleinen **Mauer** mit Buschwerk, auf die man frontal zuläuft, dort biegt man im Anschluss rechts ab.

Nach ca. 200 m stößt man auf eine **Hauptstraße (Shishigatani-dori)**, biegt links (Richtung Süden) ab und steht nach einer Minute vor dem Eingangsportal des bezaubernden **Tempels Eikan-dō** (s. S. 37), der definitiv einen Besuch wert ist.

009ky-ld

Routenverlauf im Stadtplan
Der hier beschriebene Spaziergang ist mit einer farbigen Linie im Stadtplan eingezeichnet.

Nach der Besichtigung folgt man der Hauptstraße weiter gen Süden und erreicht nach ca. 500 m den **Tempel Nanzen-ji** 15, dessen mächtiges Eingangsportal sich linker Hand erhebt. Die unzähligen Bauwerke, Grünanlagen und Subtempel des Nanzen-ji lassen sich nun ausführlich erkunden.

Je nach Gusto kann man im Anschluss noch dem wenige Minuten südlich gelegenen, stillgelegten **Keage-Schrägaufzug** einen Besuch abstatten – dort befindet sich zudem die **Keage Station** der U-Bahn (Tōzai-Linie), die einen zurück ins Zentrum bringt.

Oder man spaziert weiter in Richtung Westen zum **Zoo** (s. S. 106), **The National Museum Of Modern Art Kyoto** (MoMAK, s. S. 56), **Kyoto City Kyocera Museum of Art** (s. S. 54) und **Heian-Schrein** 16.

Südliches Zentrum

1 Kyoto Station (Hauptbahnhof) ★★★ [C7]

京都駅

„Wow, was für eine gigantische Bahnhofshalle" dürfte wohl den meisten Besuchern des Kyotoer Hauptbahnhofs durch den Kopf gehen, wenn sie das Bauwerk das erste Mal betreten. Der monumentale Zweckbau ist das zweitgrößte Bahnhofsgebäude des Landes und de facto eine eigene Stadt in der Stadt.

470 Meter Länge, 60 Meter Höhe, 15 Stockwerke, 238.000 Quadratmeter Nutzfläche, 1,3 Mrd. US$ Baukosten und 170 Mio. Fahrgäste jährlich – das sind die beeindruckenden Kennzahlen dieses futuristischen Verkehrsknotenpunkts, der sich seit 1997 in Betrieb befindet. Verantwortlich für den Entwurf zeichnete der Architekt **Hiroshi Hara**, der u. a. auch das Umeda Sky Building im benachbarten Osaka entwarf.

Im Komplex befindet sich das schicke Granvia-Hotel mit über 500 Gästezimmern, ein Theater, das Kaufhaus Isetan (s. S. 73), ein Museum, eine ausgezeichnete Touristeninformation (s. S. 102) und eine Vielzahl an Restaurants, Imbissen sowie Kiosken, die Güter des alltäglichen Bedarfs im Angebot haben.

Der **futuristisch-avantgardistische Entwurf** des Bahnhofs wurde anfänglich massiv kritisiert, da er sich stilistisch deutlich vom Ambiente des historischen Kyoto absetzt. Seine Fürsprecher jedoch lobten gerade den wagemutigen Ansatz und betrachteten ihn im Sinne eines architektonischen Aufbruchs in das Japan des 21. Jh. Gegner wie Befürworter waren sich jedoch schnell einig, dass der Komplex seiner Funktion vorzüglich nachkommt: dem reibungslosen Schienenverkehr mit einem Passagieraufkommen von rund 500.000 Fahrgästen täglich.

Herzstück dieser Mobilitäts-Kathedrale ist die kolossale **Haupthal-**

010ky-ld

le. Man muss den Kopf weit in den Nacken legen und sich einmal um 360 Grad drehen – erst dann kann man die gigantischen Ausmaße einordnen. An der Westseite erhebt sich eine imposante, breit angelegte **Treppenflucht**, die der Halle die Anmutung eines Amphitheaters gibt. Parallel dazu wurden stählerne Rolltreppen errichtet. Bei Sonnenschein reflektieren sie das Licht und wirken – mit ein bisschen Fantasie – wie Wasserfälle, die sich in den Innenraum ergießen. Über die gesamte Haupthalle wölbt sich ein **gläsernes Stahlskelett**, welches an den Seiten offen ist und somit für natürliche Luftzirkulation sorgt – nicht unwichtig in den tropisch-heißen Sommermonaten Kyotos. Gleichzeitig schützt das Dach vor dem Starkregen in der Taifunzeit.

Direkt unterhalb des Daches verläuft ein gläserner Tunnel namens **Skyway**, dessen Zugang sich im elften Stock befindet, der **Restaurant-Etage**. Aus 45 Metern Höhe kann man hier in den Bahnhof schauen oder den Blick über die Stadt schweifen lassen. Wer sich vom Trubel rund um den Hauptbahnhof erholen oder einen im Kiosk gekauften Snack zu sich nehmen möchte, dem sei der begrünte **Sky Garden** mit der **Happy Terrace** zu empfehlen. Von hier, in der 15. Etage des Westflügels, genießt man zudem eine schöne Aussicht über die Metropole und die angrenzenden Hügelketten (wegen spiegelnder und getönter Glasscheiben für Fotografen jedoch nur bedingt geeignet).

Zu Transportfragen: s. S. 123.

› 901 Higashishiokoji-chō, Karasuma-dori, Shimogyō-ku, Tel. 075 3614401, www.kyoto-station-building.co.jp

› **Skyway und Sky Garden,** tägl. 11–22 Uhr, Eintritt frei

2 Kyoto Tower ★ [C7]

京都タワー

Den höchsten Aussichtspunkt der Stadt findet man im Kyoto Tower: Die verglaste Aussichtsplattform befindet sich in 100 Metern Höhe und bietet ein 360-Grad-Panorama.

Mit einer Gesamthöhe von 131 Metern ist der Turm das **höchste Bauwerk der Stadt.** Strenge Bauvorschriften sorgen dafür, dass Kyoto, im Gegensatz zu anderen japanischen Metropolen, über keine Hochhaus-Skyline verfügt. Trotz der relativ moderaten Aussichtshöhe lohnt sich ein Besuch vor allem zu Beginn eines Kyoto-Aufenthalts, da man sich von hier einen guten **Gesamtüberblick** über die flache Metropole verschaffen kann. Zur geografischen Orientierung sind auf der Plattform, je nach Sichtachse, mehrere Übersichtspläne mit den gerade sichtbaren Sehenswürdigkeiten angebracht. Und diese lassen sich mithilfe der gratis zu benutzenden, fest installierten **Teleskope** vorzüglich identifizieren. An besonders klaren Tagen kann man sogar in südwestlicher Richtung das 40 Kilometer entfernte Osaka ausmachen.

Als der Turm im Dezember 1964 eröffnet wurde, in einer Zeit der weltweiten Technikeuphorie, erklommen innerhalb des ersten Jahres über eine Million Besucher den Turm. Der Turm wurde also ausgesprochen positiv aufgenommen, obwohl die Kontroversen vor und während des Baus – wie sehr häufig in Japan – hohe Wellen geschlagen hatten. Die Gegner des Bauwerks, für die der moderne Turm

Spektakuläre Baukunst: die Haupthalle der Kyoto Station

011ky-ld

einfach nicht mit dem historischen Ambiente Kyotos in Einklang zu bringen war, wurden jedoch durch den Entwurf des Duos **Makoto Tanahashi** und **Mamoru Yamada** besänftigt: Sie hätten sich bei der Planung von dem Anblick buddhistischer Zeremonialkerzen beeinflussen lassen, gaben sie zu Protokoll, und diese intellektuelle Brücke zwischen Bewahrern und Modernisierern wurde gerne angenommen.

- › **Anfahrt/Zugang:** 2 Min. zu Fuß von Kyoto Station ❶
- › Shichijō-sagaru, Karasuma-dori, Shimogyō-ku, Tel. 075 3613215, www.keihanhotels-resorts.co.jp/kyoto-tower/en, geöffnet: tägl. 9–21 Uhr (letzter Einlass um 20.40 Uhr), Eintritt: 770 ¥, erm. 620 (Schüler) bzw. 520 ¥ (Grundschüler)

Allabendlich wird der Kyoto Tower illuminiert

EXTRAINFO

Sehenswürdigkeiten in Kyoto – die Qual der Wahl

Kyoto besitzt eine solche **Vielzahl religiös-kultureller Attraktionen** (s. S. 10), dass es den Rahmen des Buches sprengen würde, wollte man alle behandeln. Die hier vorgestellten Sehenswürdigkeiten sind daher als qualitative Auswahl zu verstehen.

Unter den 17 von der **UNESCO** mit dem **Welterbestatus** ausgezeichneten Attraktionen in der Präfektur Kyoto sind drei Shinto-Schreine, 13 buddhistische Tempel und eine Burg – 14 Welterbestätten befinden sich in der Stadt Kyoto, drei in den Städten Uji und Ōtsu. In Kyoto zählen dazu:

★1 [dj] **Tempel Tō-ji**
❸ [B6] **Tempel Nishi Hongan-ji**
❻ [A3] **Burg Nijō-jō**
⓬ [F6] **Tempel Kiyomizu-dera**
⓲ [G1] **Silberner Pavillon (Ginkaku-ji)**
★2 **Tempel Daigo-ji**
★3 [dg] **Schrein Kamigamo-jinja**
★4 [eg] **Schrein Shimogamo-jinja**
★5 [ch] **Tempel Ninna-ji**
★6 [ag] **Tempel Kōzan-ji**
⓳ [cg] **Goldener Pavillon (Kinkaku-ji)**
⓴ [ch] **Tempel Ryōan-ji**
› **Tempel Tenryū-ji** (s. S. 44)
★7 [aj] **Tempel Saihō-ji (Moostempel)**

❸ Tempel Nishi Hongan-ji und Higashi Hongan-ji ★★ [B6]

西本願寺, 東本願寺

Den westlichen („nishi“) und den östlichen („higashi“) Hongan-ji-Tempel trennen nur rund 700 Meter. Die Zwillingstempel sind das Ergebnis einer machtpolitischen Entscheidung des Shōguns Tokugawa Ieyasu von Anfang des 17. Jh.

Die **Jōdo-Shinshū-Schule** („Wahre Schule des Reinen Landes“) hatte im

Mittelalter einen enormen Zulauf an Gläubigen, da sie mit simplen Glaubensgrundsätzen auch die eher ungebildete Landbevölkerung für sich gewinnen konnte. Im Mittelpunkt stand dabei der Amitabha-Buddha. Die Popularität der Jōdo-Shinshū-Schule führte zu Konflikten zwischen dem Klerus und dem Shōgunat. Tokugawa Ieyasu machte sich interne Rivalitäten der Glaubensgemeinschaft zunutze und erzwang, um den Klerus zu schwächen, eine Aufspaltung der Schule, die sich architektonisch in den zwei Tempelkomplexen manifestierte.

Der **Nishi Hongan-ji**, eine der 17 Weltkulturerbestätten Kyotos, gilt als der architektonisch wertvollere der beiden, da er älter ist. Mitten auf dem Tempelareal dominieren, neben diversen kleineren Gebäuden, die **Halle des Amitabha-Buddha** *(Amida-dō)*, der dort in Form einer hölzernen Skulptur angebetet wird, und die mächtige, 29 Meter hohe **Halle der Gründerväter** *(Goei-dō)*. Darin werden sowohl der Urvater der Jōdo-Shinshū-Schule, Shinran Shonin (1173–1263), als auch die wichtigsten Äbte in der Geschichte des Ordens verehrt. Vor der Goei-dō-Halle wachsen zwei wunderschöne **Ginkgo-Bäume**, deren goldene Herbstlaubfärbung im November Besucher in den Bann zieht. Der Legende nach sind sie über 400 Jahre alt. Lohnenswert ist ferner ein Besuch des **Karamon-Tors,** das sich in der Mitte der südlichen Umfassungsmauer befindet. Das wundervoll verzierte und detailreiche Portal ist zwar durchgängig geschlossen, aber trotzdem ein lohnendes Fotomotiv.

Besucher des **Higashi Hongan-ji** [C6] sind beeindruckt von der monumentalen Größe der Tempelbauten. Analog zum westlichen „Brudertempel" gibt es auch hier eine **Amida-dō** und eine **Goei-dō.** Insbesondere Letztere besticht durch ihre gigantischen Ausmaße: Sie ist 76 Meter lang, 58 Meter breit und 38 Meter hoch – einer der größten Holzbauten der Welt! Auch hier wird im Zentrum der Halle, die im Inneren sehr fein gearbeitet ist, der Gründervater der buddhistischen Bewegung verehrt. Die Halle wurde, wie auch die benachbarte, etwas kleinere Amida-dō, nach einem großen Tempelbrand 1864 im Jahr 1895 neu errichtet.

› **Nishi Hongan-ji,** Horikawa-dori, Hanayachō sagaru, Shimogyō-ku, ca. 15 Min. zu Fuß ab Kyoto Station ❶ oder Buslinien 9 und 28 bis Haltestelle Nishi Honganji-mae, Tel. 075 3715181, www.hongwanji.or.jp/english, geöffnet: tägl. ab 5.30 Uhr, Mai–Aug. bis 18, März/April und Sept./Okt. bis 17.30 und Nov.–Feb. bis 17 Uhr, Eintritt frei

› **Higashi Hongan-ji,** Karasuma Shichi-jō Agaru, Shimogyō-ku, 7–8 Min. zu Fuß ab Kyoto Station, Tel. 075 3719181, www.higashihonganji.or.jp/english, geöffnet: März–Okt. tägl. 5.50–17.30, Nov.–Feb. tägl. 6.20–16.30 Uhr, Eintritt frei

❹ Shosei-en-Garten ★★★ [C6]

渉成園

Wer inmitten der Millionenmetropole eine Ruheoase aus Grün und Wasser sucht, der wird in der traumhaften Gartenanlage des Shosei-en fündig.

Die **historischen Wurzeln** der Gartenanlage liegen fast 400 Jahre in der Vergangenheit: 1641 wurde das Areal vom dritten Shōgun der Tokugawa-Dynastie, Tokugawa Iemitsu, dem Abt des nahe gelegenen Tempels Higashi Hongan-ji ❸, feierlich gestiftet. Unter der Federführung des Mönchs Ishikawa Jōzan, der sich in jungen Jahren

als kämpferischer Samurai einen Namen gemacht hatte, wurde der Gartenkomplex erschaffen. Er diente über Jahrzehnte als Rückzugsort der führenden Äbte, die hier auch hohen Besuch empfingen.

Der Garten hat eine Gesamtfläche von ca. 35.000 m². Er verfügt über **zwei Teiche,** die durch einen kleinen Wasserlauf miteinander verbunden sind. Bis 2008 wurden sie durch Wasser aus dem fernen Biwa-See gespeist, das per unterirdischem Aquädukt in die Anlage gepumpt wurde – heute geschieht dies jedoch durch Grundwasser. Der große **Ingetsu-chi-Teich** („Abbild des Mondes") ist das dominante gestalterische Element des Shosei-en. In der Mitte des Teiches thront das **Shukuen-tei-Teehaus** auf einer **Insel,** welche durch zwei Brücken mit dem Rest des Parks verbunden ist.

Als Besucher kann man die gesamte Anlage auf schmalen **Kieswegen** durchschreiten und ein Dutzend hölzerne Gebäude bewundern, die verschiedene Funktionen wie Empfangshalle (davon gibt es drei) oder Teehaus (ebenfalls drei) innehaben.

Besonders populär ist die Gartenanlage im Frühling zur **Kirschblüte** und zur **Herbstlaubfärbung,** jedoch sind die Besucherzahlen nicht vergleichbar mit denen anderer Attraktionen. Deshalb geht es hier ruhiger zu. So kann man, auf einer Bank sitzend, die filigrane Ästhetik der Anlage bewundern und dieses Stück Bilderbuchjapan in Ruhe fotografieren.

› **Anfahrt/Zugang:** 10 Gehminuten ab Kyoto Station ❶, 7 Gehminuten ab Gojō Station (U-Bahn, Karasuma-Linie) oder 5 Gehminuten ab Bushaltestelle Karasuma Shichijō. Der Eingang befindet sich auf der westlichen Längsseite.

› Shomen-dori Ainomachi Higashi-iru, Shimogyō-ku, Tel. 075 3719210, www.higashihonganji.or.jp, geöffnet: März–Okt. 9–17, Nov.–Feb. 9–16 Uhr (letzter Einlass 30 Min. vor Schließung), Eintritt: 500 ¥ (inkl. eines aufwendigen Infobüchleins)

⌃ Grüne Oase im Großstadttrubel: der Shosei-en-Garten ❹

› Tausende Toriis säumen den Weg am Fushimi Inari-Taisha

5 Fushimi Inari-Taisha ★★★ [ek]

伏見稲荷大社

Tausende zinnoberroter Toriis (Holzportale) säumen den Wanderweg auf den Berg Inari. Sie stehen so eng beieinander, dass sie zu einem roten Tunnel zu verschmelzen scheinen. Der Besuch des Inari-Schreins ist ein einmaliges sinnlich-spirituelles Erlebnis, das man auf keinen Fall verpassen sollte.

Der **Inari-Schrein** besticht jedoch nicht nur durch seine religiöse Ästhetik, sondern auch durch seine historisch gewachsene Relevanz. Das Jahr 711 gilt als offizielles Gründungsjahr der Anlage. Somit ist sie sogar älter als der Hauptstadtstatus Kyotos, der erst 794 Realität wurde.

Seit über 1300 Jahren wird hier der **Shintō-Gottheit Inari** gehuldigt, die, als Japan noch ein ausschließlich agrarisch geprägtes Land war, als Fruchtbarkeitsgöttin für den Reisanbau verantwortlich war. In modernen Zeiten wurde der Aufgabenbereich Inaris deutlich aufgestockt: Zusätzlich wurden ihr die „Resorts" Wohlstand, Profit, Gesundheit und erfolgreiche Prüfungen überschrieben. Somit gibt es für die gläubigen Japaner viele Gründe, den Schrein zu besuchen und durch Gebete und großzügige Spenden für Erfolg im gewünschten Lebensbereich zu sorgen.

Nachdem man zwei mächtige Toriis durchschritten hat, erreicht man die **Haupthalle** des Heiligtums *(Honden)*. Zuvor kann man sich an einem **Wasserbecken** (links der Haupthalle, *Chozuya*) rituell die Hände und den Mund reinigen. Flankiert wird der Weg von **zwei Fuchsstandbildern**, die mit einem roten Latz, einer Form der Ehrdarbietung, geschmückt sind. Der Fuchs, auf Japanisch *kitsune,* ist gemäß Legende das Botentier zwischen Inari und den Menschen. So wundert es nicht, dass Füchse oftmals als Inkarnation Inaris gelten. Die beiden Füchse halten einen Schlüssel und einen großen Diamanten im Maul – beide gelten als Symbole für Reichtum und Wohlstand: Der Schlüssel öffnet nämlich die prall gefüllte Reiskammer.

013ky-ld

Im **Schrein** selbst kann man **Mini-Toriis** und andere Glücksbringer erstehen, die an Ort und Stelle an entsprechenden Stativen angebracht werden. In regelmäßigen Abständen werden die Mini-Toriis oder Glückstäfelchen von Shintō-Priestern eingesammelt und dann feierlich verbrannt. Der Rauch steigt auf zu den Göttern und die Wünsche sowie Gebete werden dann (hoffentlich) erhört.

Hinter dem Schrein geht der **Weg** leicht bergauf weiter und man erreicht die ersten roten Tore, denen noch Tausende folgen werden. Alle **Toriis** sind Spenden von Privatpersonen oder Unternehmen, die sich dadurch ökonomischen Erfolg versprechen. Auf der Rückseite der Toriis sind jeweils deutlich sichtbar die Namen der Spender angebracht. Die Preise für ein kleines, bescheidenes Torii beginnen bei ca. 3000 €, können aber bis zu ca. 10.000 € betragen. Folgt man einem der **zwei Torii-Wege** (egal welchem, beide führen zum Gipfel), erreicht man nach 30–40 Minuten ein sich öffnendes **Plateau,** die Kreuzung *Yotsutsuji.* Hier kann man auf einer der Bänke eine Pause einlegen, sich mit Snacks und Getränken der kleinen, lokalen Geschäfte stärken und die **Aussicht** auf Kyoto genießen. An diesem Punkt hat man etwa die halbe Wegstrecke zum **233 m hohen Gipfel** hinter sich gebracht. Jedoch ist es nicht unbedingt empfehlenswert, weiter bergauf zu wandern, da die Torii-Dichte ab hier deutlich abnimmt und weder Szenerie noch Ausblickmöglichkeiten besser werden.

004ky-ld

Fushimi Inari ist bei Einheimischen wie auch ausländischen Touristen sehr beliebt. Deshalb sollte man das Areal entweder sehr **früh am Morgen** oder aber **am späten Nachmittag** bzw. **frühen Abend** aufsuchen. Auch nimmt die Anzahl der Menschen ab, je weiter man den Inari-Berg erklimmt. Wer die Dunkelheit nicht scheut, dem sei ein **Besuch abends oder nachts** ans Herz gelegt: Kaum Menschen und eine spärliche Beleuchtung machen den Schrein wie auch den Toriiweg zu einem Erlebnis der ganz anderen Art.

› **Anfahrt:** JR Nara-Linie ab Kyoto Station ❶ bis Haltestelle Inari (Fahrzeit: 5 Min., 140 ¥, aber nur der Zugtyp *local* hält auch in Inari) oder Keihan-Linie bis Haltestelle Fushimi Inari (Preis z. B. ab Gion-Shijō 210 ¥, Fahrzeit: 8 Min.)

› 68 Fukakusa Yabunouchi-chō, Fushimi-ku, Tel. 075 6417331, http://inari.jp/en, geöffnet: tägl. 24 Std., Eintritt frei

◁ *Fuchsstatue mit Reisähren: Symbol für ökonomisches Wohlergehen*

Nördliches Zentrum

6 Burg Nijō (Nijō-jō) ★★★ [A3]

二条城

Imposante Befestigungsmauern, schneeweiße Wachtürme und ein schützender Wassergraben lassen schon von außen auf die historische Bedeutung des Komplexes schließen. Diese Anlage wurde nicht von einem lokalen Fürsten oder Würdenträger errichtet, sondern von einem der bedeutendsten Männer der japanischen Geschichte und dem Gründervater der letzten Shōgun-Dynastie: Tokugawa Ieyasu (1543–1610). Bereits in den ersten Jahren des gerade beginnenden 17. Jh. wurde die Burganlage errichtet und ist bis heute das steingewordene Monument der Macht, des Reichtums und der künstlerisch-kulturellen Avantgarde des Shōgunats.

Erbaut wurde die Anlage in den Jahren 1601–1603, fertiggestellt wurde sie 1626. Das rechteckige **Gesamtareal** des Nijō-jō hat eine Größe von ca. 275.000 Quadratmetern. Im Inneren befinden sich neben dem Ninomaru-Palast und dem von einem zusätzlichen Wassergraben umgebenen Honmaru-Palast noch drei ästhetisch sehr ansprechende **Gartenanlagen:** der über 400 Jahre alte Ninomaru-Garten, der moderne, 1965 angelegte Seiryu-en-Garten und der Honmaru-Garten aus der Meiji-Zeit.

An der südöstlichen Flanke des äußeren Wassergrabens befindet sich mit dem **Osttor (Higashi Ōte-mon)** der einzige heutige Zugang. Hier kann man die **Eintrittskarten** am Schalter oder am Automaten erstehen. Die **Audioguides** erhält man erst innerhalb der Burganlage, direkt hinter dem frisch restaurierten Osttor.

In die **UNESCO-Welterbeliste** ist Nijō-jō 1994 aufgenommen worden und das sicher hauptsächlich wegen der Einzigartigkeit des Ninomaru-Palastes, der letzten im Original erhaltenen Repräsentations- und Wohnstätte der Tokugawa-Shōgune. Das eindrucksvolle **Kara-mon-Tor**, der Hauptzugang, verdeutlicht schon durch seine aufwendigen Verzierungen und Schnitzarbeiten den Status des Hausherrn. Auffällig sind die vielen **Chrysanthemen-Siegel**, das kaiserlich-japanische Wappen, welches u. a. auf den japanischen Reisepässen abgebildet ist. Die hier zu sehenden Siegel sind jedoch neueren Datums. Sie wurden erst 1867 nach dem Rücktritt des letzten Tokugawa-Shōguns angebracht und ersetzten dessen Wappen, drei Malvenblätter.

Der **Ninomaru-Palast** besteht aus **sechs Gebäuden** (inkl. des Eingangsportals *Kurumayose*), die zickzackförmig aneinandergereiht und durch außen gelegene Wandelgänge miteinander verbunden sind. Das **Architekturkonzept** des Palastes basiert auf hierarchischen Machtstrukturen. Je weiter die potenziellen Besucher innerhalb des Gebäudes vordringen durften, desto höher war ihr gesellschaftlicher Status. Beispielsweise wurden einfache Würdenträger im ersten Raum *(Tozamurai)* abgefertigt bzw. mussten dort auf weitere Instruktionen warten. Einflussreiche Adlige oder Angehörige des eigenen Familienclans hingegen durften auf Audienzen im dritten *(Ohiroma)* oder vierten Raum *(Kuro-shoin)* hoffen. Der finale fünfte Raum *(Shiro-shoin)* war dem Shōgun persönlich vorbehalten. Die privaten Gemächer des Herrschers durften nur vom ihm und seiner ausschließlich weiblichen Dienerschaft betreten werden.

Burg Nijō

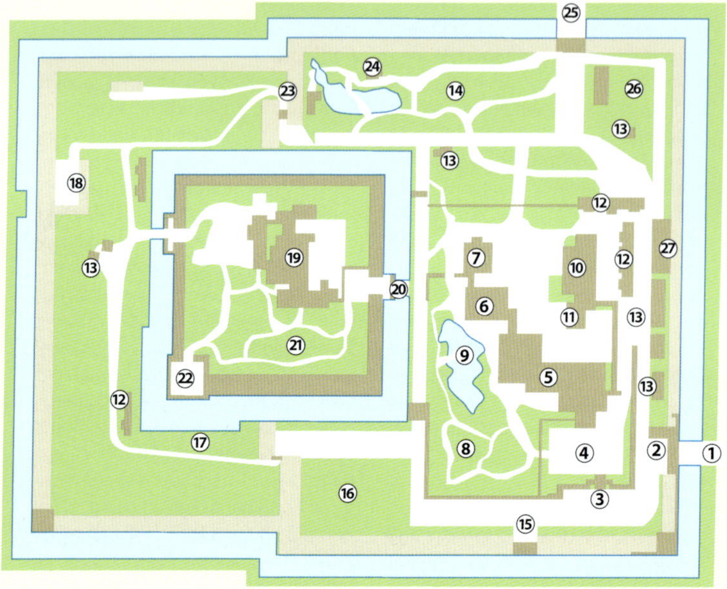

1. **Higashi Ōte-mon** (Osttor, heutiger Haupteingang)
2. **Wachhaus**
3. **Kara-mon-Tor**
4. **Eingangsportal Kurumayose** (Hauptzugang zum Ninomaru-Palast)
5. **Ninomaru-Palast**
6. **Kuro-shoin**
7. **Shiro-shoin**
8. **Ninomaru-Garten**
9. **Teich**
10. **Historische Küche (1)**
11. **Historische Küche (2)**
12. **Lager-/Vorratsgebäude**
13. **Pausenbereiche/Toiletten**
14. **Seiryu-en-Garten**
15. **Minami-mon** (Südtor)
16. **Kirschhain**
17. **Pflaumenhain**
18. **Nishi-mon** (Westtor)
19. **Honmaru-Palast**
20. **Brücke**
21. **Honmaru-Garten**
22. **Burgturm Donjon**
23. **Teehaus Waraku-an**
24. **Teehaus Koun-tei**
25. **Kita Ōte-mon** (Nordtor)
26. **Garten (westl. Stil)**
27. **Bildergalerie**

Westliche Besucher verbinden mit dem Begriff „Palast" oder „Schloss" häufig pompöse Säle mit überbordenden Verzierungen und aufwendigen Möbeln europäischer Provenienz. So etwas kannten und kennen die Japaner jedoch nicht. Vielmehr dominiert hier ein **ostasiatischer Minimalismus:** Die Böden sind mit schlichten Tatami-Matten bedeckt und die Wände sowie Schiebetüren sind mit Malereien verziert, die von den größten Künstlern der damaligen Zeit stammen. Die **Maler der Kanō-Schule** wählten über 3500 Motive aus der Tier- und Pflanzenwelt, denen eine höhere Symbolik zugesprochen wurde. So stehen Kirschblüten als Metapher für Schönheit und Vergänglichkeit, martialische Tigerabbildungen als Zeichen der Stärke des Tokugawa-Clans oder detaillierte Darstellungen von Pinienbäumen als Symbol für Männlichkeit, Kraft, göttlicher Unterstützung und ewig währenden Wohlstand. Und ein Blick nach oben beweist: Die Deckengestaltung wurde ebenfalls mit goldenen Ornamenten künstlerisch anspruchsvoll umgesetzt.

Auch akustisch beeindruckt der Palast die Besucher. Das **Nachtigallen-Parkett** – im Holzboden systematisch angeordnete Nägel und Metallklemmen sorgen beim Betreten der Dielen für ein „Zirpen" – fungiert seit über vier Jahrhunderten als eine Art Alarmanlage, die vor ungebetenen Besuchern warnt. Weniger poetisch veranlagte Zeitgenossen würden das Geräusch vielleicht eher als Quieken charakterisieren.

Westlich der Palastgebäude schließt sich die gleichnamige Gartenlandschaft – der **Ninomaru-Garten** – an. Zeitgleich zum Palast errichtet, kam es in den folgenden Jahrhunderten zu mehreren Umgestaltungen. Der letzte landschaftsgärtnerische Eingriff geschah in den 1930er-Jahren. Heute dominiert eine zentrale Wasserfläche den Park. In der Mitte befinden sich drei Inseln. Das größte Eiland, Horai-jima, steht symbolisch für das jenseitige Paradies, während

⌃ *Das imposante Kara-mon-Tor versinnbildlicht die Macht des Shōguns* die zwei kleinen Nachbarn als Kranich- und Schildkröteninsel, so die Übersetzung der japanischen Namen, ein langes Leben versprechen.

Nördlich des Ninomaru-Palastes kann man den **Seiryu-en** besichtigen, einen weiteren traditionellen **japanischen Garten.** Das Areal wird jedoch erst seit etwas mehr als 50 Jahren als Garten genutzt. Nachdem sich vorher diverse Zweckbauten auf dem Gebiet befanden, die von der kaiserlichen Verwaltung abgerissen wurden, nutzten US-amerikanische Besatzungssoldaten die Fläche zur sportlichen Ertüchtigung und errichteten einen Tennisplatz. Der Garten selbst stellt eine Symbiose aus westlicher Gartenbautradition (im östlichen Teil) und japanischer Landschaftskunst dar. Er ist ideal für einen kleinen Spaziergang. Vielleicht wird im angeschlossenen **Teehaus** gerade illustren Gästen frischer japanischer Tee kredenzt (nur für offizielle Gäste der Stadt, ansonsten geschlossen) und man kann ihnen beim Teegenuss zusehen.

015ky-ld

Der **Honmaru-Palast**, innerhalb des zweiten Wassergrabens gelegen, wurde erst Ende des 19. Jh. hier errichtet. Ursprünglich befanden sich die Gebäude als **Katsura-no-miya-Palast** auf dem Areal des Kaiserpalastes **7**, wurden dann aber in ihre Einzelteile zerlegt und innerhalb des Nijō-jō erneut aufgebaut. Der Palast ist **derzeit für Besucher nicht zugänglich**, aber eine Besichtigung von außen und ein Besuch des angeschlossenen **Honmaru-Gartens** ist empfehlenswert, da sich nur wenige Touristen hierher verirren.

Lohnenswert ist ferner ein kleiner **Abstecher** zum Fundament des vormals fünfstöckigen **Burgturms (Donjon)**, der 1750 nach einem Blitzeinschlag komplett niederbrannte. Von hier genießt man einen reizvollen Ausblick über den Palast und den inneren Wassergraben.

- **Anfahrt:** U-Bahn (Tōzai-Linie) und Buslinien 9, 12, 50, 101 bis Haltestelle Nijōjō-mae
- 541 Nijō-jō-chō, Horikawa Nishi-iru, Nijō-jō-dori, Nakagyō-ku, Tel. 075 8410096, http://nijo-jocastle.city.kyoto.lg.jp/?lang=en, geöffnet: Juli/Aug. tägl. außer Di. 8–18 Uhr, Sep. tägl. 8–17 Uhr, Okt.–Juni tägl. 8.45–17 Uhr (Dez./Jan. jeden Di. geschlossen), letzter Einlass jeweils eine Stunde vor Schließzeit, Eintritt: 620 ¥, mit Ninomaru-Palast 1030 ¥ (Audioguides auf Englisch: 500 ¥)
- **bitte beachten: Fotografieren** ist im Ninomaru-Palast verboten, außerhalb jedoch erlaubt. Man darf das Innere des Palastes nicht mit **Straßenschuhen** betreten.

Traditionelle japanische Gartenbaukunst: der Ninomaru-Garten

7 Kaiserpalast Kyoto (Kyoto-gosho) ★ [C1]

京都御所

Auf Satellitenaufnahmen aus dem All sticht das mitten in Kyoto gelegene große, grüne Rechteck sofort ins Auge. Der Kaiserpalast mit dem umgebenden Parkareal war über viele Jahrhunderte Herrschaftssitz des Tennōs.

Vom späten 12. Jh. bis 1868 war der Kyoto-gosho das repräsentative **Machtzentrum** des Reiches, wobei die Macht jedoch nur selten von hier aus ausgeübt wurde (s. S. 24).

Das **Gesamtareal** hat eine Ausdehnung von 1300 m mal 700 m und ist komplett von einer **Außenmauer** umgeben. **Neun Tore** gewährten Zutritt zum royalen Herzen des Landes. Das historische Ambiente kann jedoch leider nicht mit anderen Bauwerken Kyotos mithalten, da der aktuelle Palast aus der Mitte des 19. Jh. stammt. Mehrfach wurde die Anlage durch Feuer zerstört, das letzte Mal 1854.

Der **Park** beherbergt neben den kaiserlichen Bauwerken noch andere Attraktionen wie Schreine, idyllische Wasserflächen, repräsentative Tore und natürlich den **Sentō-Palast**, eine imposante Anlage, die seit 1630 den abgedankten Kaisern als letzte Wohnstätte diente.

Bis vor wenigen Jahren war der Besuch der Anlage nur mit vorheriger Anmeldung möglich. Heute kann ein jeder die breiten Kieselwege begehen oder mit dem Rad erkunden. Allerdings können die kaiserlichen Gebäude, auch im Rahmen der regelmäßig stattfindenden Führungen, **nicht von innen besichtigt** werden. Zentrale Anlaufstelle ist die **Imperial Household Agency Kyoto**, die ihre Räumlichkeiten im Nordwesten des Parks hat, ganz in der Nähe des **Seisho-mon-Tores.** Hier starten die englischsprachigen Führungen.

› **Anfahrt:** U-Bahn (Karasuma-Linie) bis Haltestelle Marutamachi oder Imadegawa
› Karasuma-dori, Tel. 075 2111215, https://sankan.kunaicho.go.jp/english/guide/kyoto.html, geöffnet: Park ganzjährig 24 Std. zugänglich, Palastareal April–Aug. Di.–So. 9–17, Sep. u. März Di.–So. 9–16.30, Okt.–Feb. Di.–So. 9–16 Uhr, Eintritt frei
› **Führungen:** kostenfrei, auf Englisch Di.–Sa. 10 und 13.30 Uhr, Dauer ca. 75 Min. Man sollte sich spätestens 30 Min. vor Führungsbeginn bei der Imperial Household Agency einfinden, um sicher einen Platz zu ergattern (weitere Infos: https://sankan.kunaicho.go.jp/english/about/koukyo.html)

8 Nishiki-Markt ★★★ [C4]

錦市場

Der Nishiki-Markt hat bei den Einheimischen einen Spitznamen, der bereits alles verrät: „Kyotos Küche“. In der 400 Meter langen und ziemlich schmalen Marktgasse bekommt man an mehr als 130 Verkaufsständen und Läden einen umfassenden Einblick in die Spezialitäten der Region.

Vor über 700 Jahren befand sich hier eine kühle Frischwasserquelle, die findige Händler und Kaufleute sofort zur natürlichen Kühlung von leicht verderblichen Fischen und Meeresfrüchten nutzten – der Markt war geboren. Das heutige Angebot umfasst selbstverständlich noch immer die kulinarischen Kostbarkeiten des Meeres, wird aber ergänzt durch **Spezialitätenlädchen** für Tee, Süßigkeiten, eingelegtes Gemüse und diverse frittierte, gebratene oder gekochte Leckereien. Ob eingelegte

Die Tennō-Dynastie: vom Gottkaiser zum mitfühlenden Oberhaupt

Vor ca. 2800 Jahren schickte die Sonnengöttin Amaterasu ihren Enkel Ninigi auf die Erde herab, um das „Mittelland der Schilfgefilde", so die religiös-poetische Umschreibung Japans, zu beherrschen. Als Throninsignien hatte er dabei ein Schwert, eine Halskette und einen Spiegel im Gepäck, welche Macht, das göttliche Herrschaftssymbol und das Ebenbild der Sonnengöttin symbolisieren. Nach vielen dramatischen göttlichen Umwegen bestieg schließlich dessen Urenkel Jimmu 660 vor unserer Zeitrechnung als erster wahrer Herrscher Yamatos (so der historische Name Japans) den Thron. Historisch belegen lässt sich dieses Ereignis selbstverständlich nicht und die Geschichtswissenschaft ist sich weitgehend einig, dass weder Jimmu noch seine ersten 27 Nachfolger jemals existierten (andere Forscher sehen zumindest die ersten 17 Tennōs als rein mythische Wesen an). Erst ab Mitte des 6. Jh. unserer Zeitrechnung ist die Existenz der Herrscher wissenschaftlich belegt. Die Bedeutung einer möglichst weit zurückreichenden Ahnengalerie ist aus fast allen Kulturkreisen bekannt, da so der Herrschaftsanspruch auch genealogisch untermauert werden konnte.

In den folgenden Jahrhunderten war der Tennō („Kaiser" bzw. „Herrschergeschlecht") jedoch nicht der alleinige und unumstrittene Regent des Reiches. Vielmehr kämpften spätestens mit Beginn der Heian-Zeit (794–1185) diverse adlige Familien um die Macht im Lande. Besonders der Fujiwara-Clan übte großen Einfluss aus, da er es geschickt verstand, seine Töchter – insgesamt viermal – mit den jeweiligen Regenten zu vermählen.

Einen großen Einschnitt stellt das Jahr 1192 dar: Dem Oberhaupt des Minamoto-Clans, Minamoto no Yoritomo, wurde vom Kaiser der Ehrentitel „Taishōgun" (Kurzform: „Shōgun") verliehen – so wurde er zum militärischen Oberbefehlshaber. Yoritomo errichtete eine Art Militärdiktatur und bestimmte die Geschicke des Landes. Da der Titel erblich war, konnten sich die Shōgune in den kommenden Jahrhunderten an der Macht halten. Jedoch gab es immer wieder bürgerkriegsähnliche Zustände, da verfeindete Familien um die Shōgunatsherrschaft kämpften. Dies spiegelt sich in der historischen Epocheneinteilung wider: Kamakura-, Muromachi-, Sengoku- und Edo-Zeit. Bis auf ein kurzes Intermezzo im 14. Jh. lag die wahre Macht zwischen 1192 und 1868 immer in den Händen des jeweiligen Shōgunat-Clans. Während der Tennō in Kyoto in seiner Palastanlage 7 *residierte, wurden die Entscheidungen anderswo getroffen. Der Kaiser saß also in machtpolitischer Hinsicht in einem Käfig, wenn auch in einem goldenen.*

Erst auf massiven ausländischen Druck und innenpolitischen Widerstand hin endete das letzte Shōgunat unter den Tokugawas im Jahr 1868. Der erst 15-jährige Meji-Tennō erhielt offiziell wieder die uneingeschränkte Macht über Japan, allerdings zogen oftmals die Berater im Hintergrund die Strippen. Als göttlich legitimierte Kai-

ser standen der Meji-Tennō, aber auch der Taishō- und Shōwa-Tennō einem mehr und mehr nationalistisch und imperialistisch agierenden Staate vor.

Es war schließlich der Shōwa-Tennō (Hirohito), der im August 1945 per Radioansprache die japanische Kapitulation im Zweiten Weltkrieg verkündete. Obwohl die siegreichen Amerikaner das Kaisertum bewahrten und Hirohito im Amte beließen, verlor er jegliche Machtbefugnis. Er wurde zum ausschließlich repräsentativen Staatsoberhaupt und bewegte sich fortan auf dem Feld der internationalen Diplomatie.

Erst dessen Sohn Akihito, der im Nachkriegsjapan aufwuchs und nach dem Tod des Vaters 1990 den Thron bestieg, näherte sich seinen Untertanen an. Er entschuldigte sich mehrfach bei den Nachbarstaaten für die Grausamkeiten, die die japanische Armee im Zweiten Weltkrieg begangen hatte und besuchte Opfer von Erdbeben und Tsunamis. Der populäre Monarch galt als ausgesprochen volksnah. Er ging als Heisei-Tennō („Frieden überall"), so seine Regierungsdevise, in die Geschichtsbücher ein. Akihito ist am 30. April 2019 vom Chrysanthementhron gestiegen, da er sich gesundheitlich nicht mehr in der Lage sah, sein Amt auszuüben.

Nachfolger wurde sein Sohn Naruhito. Am 1. Mai 2019 begann die Reiwa-Zeit („Schöne Harmonie"); seit diesem Tag bekleidet Akihitos Sohn Naruhito das höchste Staatsamt. Ihm zur Seite steht Kaiserin Masako, die er 1993 ehelichte.

Seegurken, mit Wachteleiern gefüllter Oktopus, Reismehlkugeln mit Erdbeerfüllung oder die berühmten *Tako Yaki* (gebratene Teigbällchen mit einer Füllung aus Oktopusstückchen, die mit unterschiedlichen Soßen serviert werden) – hier wird das ganze Spektrum der **Kansai-Küche** feilgeboten. Besonders praktisch für ausländische Besucher sind die generös angebotenen kleinen **Kostproben**, die wagemutigen Kunden gratis gereicht werden. So kann man erst einmal testen, ob das Gericht auch wirklich mundet.

Ergänzt wird das breite kulinarische Angebot durch **Spezialgeschäfte**, die etwa hochwertige, handgeschmiedete Küchenmesser, sehr individuell gestaltete Essstäbchen oder Schlüsselanhänger in Sushiform im Angebot haben.

Angenehm ist auch der Umgang miteinander: Nie fühlt man sich genötigt oder gedrängt, etwas zu kaufen. Vielmehr kommt man schnell mit den Verkäufern in Kontakt, was bei mangelnden Sprachkenntnissen (auf beiden Seiten!) so manche pantomimische Einlage zur Folge hat. Allein schon die **Atmosphäre**, die Gerüche und das geschäftige Treiben machen einen Spaziergang über den Markt zu einem Erlebnis – sogar für Menschen, die in puncto Probieren exotischer Speisen eher zurückhaltend sind.

› **Anfahrt:** diverse Buslinien bis Haltestelle Shijō Karasuma oder Shijō Kawaramachi, U-Bahn (Karasuma-Linie) bis Shijō, Hankyu-Linie bis Karasuma oder Kawaramachi

› Nishidaimonjichō, Nakagyō-ku, Tel. 075 2113882, geöffnet: tägl. meist 9–18 Uhr (Mi. nur eingeschränkt). Die Öffnungszeiten variieren von Geschäft zu Geschäft.

016ky-ld

> **EXTRATIPP**
>
> ### Kulinarische Führungen über den Nishiki-Markt
>
> Das **Kochstudio Cooking Sun** bietet fachkundige, englischsprachige Führungen über den **Nishiki-Markt** 8 an. In der Kawaramachi-Filiale des Unternehmens trifft man auf Gourmet-Guides, die sich zusammen mit den Teilnehmern einmal durch das Angebot des Marktes futtern – absolut lohnenswert!
>
> Die **Führungen** beginnen in der Regel um 10 Uhr und dauern bis 13 Uhr. Im Preis inbegriffen sind diverse Snacks und ein Mittagessen. **Reservierung notwendig!**
>
> •8 [C4] **Cooking Sun,** Meiji 1010 Bldg., 3. Stock, 473 Sakaichō, Nakagyō-ku, Tel. 075 7465094, www.cooking-sun.com, Führungen: Erw. ab 7500 ¥, Kinder ab 5000 ¥, Sake-Verkostung zusätzlich 500 ¥

Der Nishiki-Markt 8 lockt mit einem bunten Kulinarik-Mix

9 Einkaufspassagen Teramachi und Shinkyogoku ★★ [C–D4]

寺町通

Das kommerzielle Herz Kyotos schlägt rund um die beiden zentral gelegenen Einkaufspassagen („Shōtengai"), die nur wenige Meter voneinander getrennt parallel in nordsüdlicher Richtung verlaufen.

Teramachi heißt auf Deutsch so viel wie **„Tempelstadt"**. Diese geht zurück auf das 16. Jh. Damals veranlasste der mächtige Samurai Toyotomi Hideyoshi, dass sich Tempel und Schreine nur in diesem Areal ansiedelten, um religiöse Oppositionelle besser unter Kontrolle zu haben. Davon ist heute jedoch kaum noch etwas zu sehen: Statt religiöser Institutionen steht das Areal zwischen der Shijō-dori im Süden und der Oike-dori im Norden ganz im Zeichen konsumorientierten Amüsements.

Die zentrale Lage und das bunt gemischte Warenangebot locken einheimische wie touristische Besucher in die **überdachten Arkaden**, die zusätzlich an Attraktivität gewinnen, wenn es regnet oder die Sonne brennt: Unter dem schützenden Dach merkt man von den Unbilden des Wetters nicht mehr viel und kann ganz entspannt seinen Kaufgelüsten frönen oder einen gemütlichen Schaufensterbummel unternehmen.

Das **Angebotsspektrum** ist breit aufgefächert und reicht von schicken Boutiquen, Schuh- und Taschengeschäften, traditioneller japanischer Bekleidung wie Yukata oder Kimono, Haushaltgegenständen, Büchern und Kunst bis hin zu Manga- und Anime-Shops (s. S. 73), Spielotheken und den ausgesprochen populären 100-Yen-Läden (s. S. 73).

Generell sind die Angebote in der **Teramachi-Arkade** etwas hochwertiger, während in der **Shinkyogoku** eher die preiswerten Produkte und typische **Japan-Souvenirs** zu finden sind. Von müden Shoppern gerne angenommen werden die vielen **Cafés** und einfachen, aber soliden **Restaurants** des Viertels.

› **Anfahrt:** Hankyu-Linie bis Kawaramachi, U-Bahn (Tōzai-Linie) bis Haltestelle Kyoto Shiyakusho-mae (im Norden), div. Buslinien bis Shijō Kawaramachi
› Teramachi-dori, Uematsu-chō, Shimogyuo-ku, Nakagyo, www.shinkyogoku.or.jp. Die meisten Geschäfte haben tägl. 10–21 Uhr geöffnet.

⑩ Pontochō-Viertel ★★★ [D4]

先斗町

Flaniert man am frühen Abend durch die Pontochō-Gasse, die Namenspatronin des gesamten Viertels ist, wird man das Gefühl nicht los, man sei soeben einer Zeitmaschine entstiegen. Beim Anblick der traditionellen Stadtarchitektur mit dicht an dicht gebauten Holzhäusern, die von Tausenden von roten Lampions und anderen Lichtern illuminiert werden, scheint der Besucher mitten in die Edo-Zeit von vor 300 Jahren katapultiert worden zu sein.

Hier findet man noch das **alte Bilderbuchjapan**, wie man es aus Historienfilmen wie „Die Geisha" kennt. Von der altmodisch gepflasterten Pontochō-Gasse, die man nur als Fußgänger durchqueren kann, da sie teilweise nicht breiter als zwei Meter ist, zweigen diverse noch engere **Minigässchen** ab. Das gesamte Areal ist gesäumt mit feinen **Restaurants**, **Izakayas** (japanische Kneipen mit Speisemöglichkeit), **Bars** und **Teehäusern**.

EXTRATIPP

Sanjo-kai Shōtengai

Eine faszinierende **Einkaufsarkade,** in der die Uhren in den 1960er-Jahren stehen geblieben zu sein scheinen, ist die Sanjo-kai. Sie erstreckt sich auf einer Länge von 800 Metern und verläuft in ostwestlicher Richtung zwischen den Straßen Senbon-dori und Horikawa-dori. Die überdachte Einkaufsmeile beherbergt mehr als 180 **Geschäfte, Cafés, Bierstuben** und kleine **Trink- sowie Speisestätten.** Viele der Läden sind seit Generationen in Familienbesitz und bieten seit eh und je dieselbe Produktpalette an. Große internationale Ketten sucht man hingegen vergebens.

Tofu, Fisch und Meeresfrüchte, Gemüse und Obst, Reis, Bento-Boxen oder was auch immer die japanische Kulinarik zu bieten hat – hier bekommt man es **bodenständig** präsentiert und zu **fairen Preisen.** Daneben gibt es eine Vielzahl an Läden, die sich auf Gegenstände des täglichen Lebens wie Fahrräder, Schreibutensilien, Glas, Porzellan oder Regenschirme spezialisiert haben.

Wer eine **kleine Zeitreise** in das Japan der Vergangenheit will, ist hier richtig. Gleichwohl geht die Modernisierung auch an der Sanjo-kai nicht spurlos vorbei, was am Zuwachs kleiner, angesagter Cafés deutlich wird. Die meisten Läden sind Di.–Sa. geöffnet, traditionell sind Fr. und Sa. die lebendigsten Tage.

› **Anfahrt/Zugang:** mit JR oder U-Bahn (Tōzai-Linie) bis Niko Station, fünf Gehminuten nach Süden erreicht man den westlichen Eingangsbereich der Arkade

9 [A4] **Sanjo-kai Shōtengai,** http://sanjokai.kyoto.jp

Geishas und Maikos

Die frühste schriftliche Erwähnung von Geishas stammt aus der ersten Hälfte des 18. Jh. Die deutsche Übersetzung von „Geisha" lautet etwa „Person der Künste". Damals waren die talentierten Unterhaltungskünstler jedoch noch ausschließlich männlichen Geschlechts. Erst ab 1750 wurde die Tätigkeit mehr und mehr von Frauen übernommen. Mit geistreicher Kommunikation und feiner Poesie, ästhetischem Tanz und dem Musizieren auf traditionellen Instrumenten, einer perfekt orchestrierten Teezeremonie und der Unterhaltung der meist männlichen Gäste durch (Trink-)Spiele errangen die ebenso diszipliniert wie kultiviert auftretenden Damen einen herausragenden Ruf.

Selbst vielen Japanern war jedoch über Jahrzehnte das Berufsspektrum der Geishas nicht eindeutig klar: Kam es nun zu sexuellen Interaktionen mit zahlenden Gästen oder nicht? Dabei war den gesetzlich registrierten Unterhalterinnen diese Tätigkeit qua Gesetz untersagt. Die Kurtisanen und Prostituierten, die oftmals in enger Verbindung zu führenden Politikern und Wirtschaftsbossen standen, hatten dieses Gesetz indirekt über ihre Kontakte initiiert, da sie die Konkurrenz der Geishas in ihrem ureigenen Tätigkeitsfeld verhindern wollten. Im Westen blieb das Bild der sexuellen Dienstleisterinnen jedoch nach dem Zweiten Weltkrieg erhalten: Viele US-amerikanische Besatzungssoldaten hatten nämlich intimen Kontakt mit den sogenannten Geisha-Girls. Diese waren jedoch nichts anderes „verkleidete" weibliche Profis des horizontalen Gewerbes und hatten mit den klassischen Entertainerinnen – außer den Kimonos – nichts gemein.

017ky-ld

Eine Geisha hingegen ist eine selbstbestimmte Frau, die eigenmächtig über ihr Privatleben entscheidet. Ob sie einen festen Freund hat, sich von einem vermögenden Gönner („Danna") umgarnen lässt oder ungebunden durchs Leben zieht – das ist allein ihre Entscheidung. Nur eine offizielle Eheschließung lässt sich nicht mit dem Geisha-Status vereinbaren. Als Ehefrau kann sie ihrem Beruf nicht mehr nachgehen.

Die Ausbildung zur Geisha ist hart und begann früher bereits mit dem siebten Lebensjahr, heute jedoch frühestens mit 15/16 Jahren, nach Abschluss der Mittelschule. Dabei schließt sie das interessierte Mädchen einem Okiya, einem Geisha-Haus, an und lernt alle Tätigkeiten von der Pike auf. In den ersten Wochen der Ausbildung hat sie den Status einer Minarai, einer „Lernenden durch Zuschauen". Dabei folgt sie den erfahrenen Geishas zu den abendlichen Treffen mit Kunden und schaut ihnen über die Schulter. Im Anschluss wird sie zur Maiko („Tanzmädchen"). Als besondere Lehrer stehen ihr nun eine feste, ausgebildete Geisha („Onee-san") und die Vorsteherin des Geisha-Hauses („Oka-san") zur Seite. Zusätzlich besucht sie täglich Schulungen zu allen relevanten Themen, etwa Schminkkurse, Tanz- oder Musikunterricht. Selbstverständlich hat sie sich standesgemäß zu benehmen - alltägliche, profane Aktivitäten ihrer Altersgenossinnen wie Einkaufen oder der Besuch einer Imbissbude gehören nicht dazu. Am Ende der Maiko-Zeit, die durchaus 4–5 Jahre dauern kann, wird die Anwärterin in einer feierlichen Zeremonie („Erikae") zur Geisha ernannt.

Um eine leibhaftige Geisha zu sehen, sollte man sich ab 17.30 Uhr in den Vierteln Pontochō (10) oder Gion (14) aufhalten. Am frühen Abend ist die Chance am größten, da die Geishas dann auf dem Weg in die Teehäuser oder Restaurants sind. Jedoch sollte man auf der „Jagd" nach Fotomotiven Respekt walten lassen und sich daran erinnern, dass die beeindruckend gekleideten und geschminkten Damen ganz normale Menschen sind und man sich nicht im Zoo befindet! Einen Pluspunkt bei den Kyotoern sammelt man, wenn man die Geishas als „Geikos" bezeichnet. So nennt man sie nämlich im lokalen Dialekt.

Zu offiziellen Shows der Maikos und Geishas s. Abschnitt „Theater und Konzerte" auf S. 69.

018ky-ld

Nach Einbruch der Dunkelheit, wenn die Lampen ihren Lichterschein auf das Kopfsteinpflaster werfen, erwacht hier schlagartig das Leben. Die Atmosphäre ist einfach traumhaft schön! Am frühen Abend stehen zudem die Chancen nicht schlecht, einen Blick auf eine **Geisha** oder **Maiko** (s. Kasten links) zu erhaschen. In dieser Zeit sind sie häufig auf dem Weg zu ihrer abendlichen Verabredung in einem der hier ansässigen schicken (und hochpreisigen) Restaurants.

Wer im Pontochō-Viertel zu Abend essen möchte, sollte einige Hinweise beachten: Wie bereits erwähnt, ist das **Preisniveau** sehr hoch. An den meist direkt an der Gasse ausgehängten **Speisekarten** kann man sich preislich orientieren. Teilweise sind die Gerichte jedoch nicht ausgepreist – daher sollte man auf je-

Besonders abends verzaubern die kleinen Gassen Pontochōs (10)

den Fall vor der Bestellung nachfragen. Speisekarten auf Englisch findet man in den letzten Jahren immer häufiger. Allerdings bedeutet dies nicht zwangsläufig, dass man im Restaurant auch auf eine Englisch sprechende Bedienung trifft. In manchen hochklassigen Kulinariktempeln sind ausländische Gäste, auch wegen der Sprachbarriere, nicht gern gesehen. Dann erhält man mitunter die Auskunft, dass der halb leere Speisesaal ausgebucht sei. Besonders attraktiv sind die *kawayuka:* offene, nicht überdachte **Holzterrassen** an der östlichen Seite der Gasse, die sich direkt am oder über den **Kamo-Fluss** erstrecken. Sie sind jedoch nur in den heißen Sommermonaten geöffnet. Grundsätzlich gilt die Devise: einfach mutig sein und ausprobieren – verhungert ist hier noch niemand.

- **Anfahrt/Zugang:** Hankyu-Linie bis Endhaltestelle Kawaramachi oder Keihan-Linie bis Haltestelle Gion-Shijō. Vom Norden her bietet sich die Haltestelle Sanjo an, die von der Keihan-Linie und der Tōzai-Linie bedient wird. Diverse Buslinien halten am Stopp Shijō Kawaramachi.
- Pontochō-dori, Nakagyō-ku, www.pontochou.com (nur auf Japanisch)

Südöstlich des Zentrums

11 Tempel Sanjūsangen-dō ★★ [D7]

三十三間堂

1001 Kannon-Skulpturen in einer 120 m langen Holzhalle – das ist die Hauptattraktion dieser buddhistischen Glaubensstätte.

Nachdem man das Areal von der **nördlichen Seite** betreten hat, muss man sich zunächst seiner Straßenschuhe entledigen, da die heiligen Hallen **nicht mit Schuhwerk betreten** werden dürfen.

Das mächtige, langgezogene Hauptgebäude und die darin in Reih und Glied aufgestellten Statuen sind überaus beeindruckend. In der Mitte thront eine über 3 m hohe Darstellung **Kannons,** einer der bedeutendsten Bodhisattwas im buddhistischen Pantheon, der in seinem Ursprungsland Indien als **Avalokiteshvara** verehrt wird. Oft in weiblicher Form dargestellt, symbolisiert die Gottheit Mitgefühl und Barmherzigkeit. Deshalb verfügt sie auch über 1000 Arme, um allen Menschen helfen zu können (in der skulpturalen Umsetzung sind es selbstverständlich meist deutlich weniger). Die Hauptskulptur wird auf beiden Seiten von exakt 500 weiteren Kannon-Figuren flankiert. Sie sind jeweils 1,67 m hoch, aus Zypressenholz geschnitzt und mit Blattgold veredelt. Keine der Figuren ist identisch, sie unterscheiden sich mindestens in einem kleinen Detail. Einer Legende nach müsse der interessierte Besucher nur lange genug suchen, um hier sein persönliches Ebenbild zu finden. 124 Skulpturen stammen noch aus der Gründungsphase Mitte des 12. Jh. und überstanden den großen **Tempelbrand** 1249, während der überwiegende Rest erst im Anschluss neu geschnitzt wurde. Vor den 1001 Bodhisattwas sind 28 weitere Skulpturen positioniert, die als **Wächterfiguren** für den Schutz Kannons verantwortlich sind.

Die 120 m lange **Halle** diente in vergangenen Jahrhunderten auch als **Wettkampfstätte** für die besten

Bogenschützen des Landes. Diverse Wettkämpfe mit unterschiedlichen Regeln und über variable Distanzen wurden hier abgehalten. Der berühmteste Wettstreit erstreckte sich über 24 Stunden: Wer die meisten Pfeile über die 120-Meter-Distanz ins Ziel brachte, war der gefeierte Held. Der letzte Wettkampf in dieser Konstellation wurde 1861 abgehalten, der Rekord steht bis heute bei 13.053 abgeschossenen Pfeilen, von denen 8133 das Ziel trafen. Zur Erinnerung an diese Pfeil-und-Bogen-Tradition treffen sich alljährlich Mitte Januar bis zu 2000 Japanerinnen und Japaner im 20. Lebensjahr zum Bogenschießen über die 60-Meter-Distanz; der Wettkampf gilt als ritualisierter Übergang in das Erwachsenenalter. So wird der beste männliche und weibliche Bogenschütze des Jahrgangs ermittelt (das genaue Datum bitte vor Ort erfragen).

› **Anfahrt:** Keihan-Linie bis Shichijō Station, Buslinien 100, 206 und 208 ab Kyoto Station ❶ bis Haltestelle Hakubutsukan Sanjūsangen-dō-mae oder 20 Gehminuten ab Kyoto Station
› 657 Mawari-chō, Sanjūsangen-dō, Higashiyama-ku, Tel. 075 5250033, www.sanjusangendo.jp, geöffnet: tägl. 8–17, im Winter 9–16 Uhr, Eintritt: 600 ¥

⓬ Tempel Kiyomizu-dera ★★★ [F6]

清水寺

Der „Tempel des klaren Wassers" ist ein mächtiges, hölzernes Bauwerk, das mitten im dichten Grün am Hang eines Hügels errichtet wurde. Geehrt wird hier die buddhistische Hauptgottheit Kannon mit ihren elf Gesichtern und 1000 Armen.

Der Tempelkomplex kann auf eine über 1200-jährige Geschichte zurückblicken und ist somit sogar älter als die Stadt Kyoto. Die **Haupthalle** *(Hondo)* stammt aus dem Jahr 1633. Holzkonstruktionen wie diese sind naturgemäß sehr anfällig für Feuer.

Besonders berühmt ist der Kiyomizu-dera für seine **spektakuläre Holzterrasse**, die 13 Meter über dem Boden zu schweben scheint und deren Stützkonstruktion auf traditionelle Art ohne den Einsatz von Nägeln errichtet wurde. Von der Terrasse aus hat man eine beeindruckende **180-Grad-Sicht** über die umgebenden Wälder und die Kyotoer Innenstadt mit dem Kyoto Tower ❷ als weithin sichtbarem Orientierungspunkt. Über Jahrhunderte sprangen Dutzende von gläubigen Japanern freiwillig von dieser Terrasse, da ihnen auf diese Weise – so sie denn nicht zu Tode kamen – ein Wunsch in Erfüllung gehen sollte. Dank des dichten Busch- und Laubwerks unterhalb der Holzplattform überlebten ca. 85 % diese sehr eigenwillige Umsetzung von Lebensträumen. Wegen **Renovierungsarbeiten** ist die berühmte **Terrasse bis März 2020 teilweise nicht zugänglich.**

KURZ & KNAPP

Tempelspende: die 5-Yen-Münze

Fast alle religiösen Stätten der Stadt haben ein **Hauptheiligtum**, in oder vor dem andachtsvoll gebetet wird. Die Einheimischen begleiten das Gebet häufig durch eine symbolische Spende. Dabei wirft der Betende eine oder mehrere Münzen in eine zumeist hölzerne, oben mit Schlitzen versehene **Truhe.** Die **5-Yen-Münze**, gut am **mittigen Loch** zu erkennen, ist beim Spendenwurf besonders populär: Auf Japanisch heißt das Geldstück **„go-en"**, was lautmalerisch „viel Glück" bedeutet.

Wenige Meter unterhalb der Holzterrasse findet man den **Wasserfall Otowa**, dessen Wasser über **drei steinerne Rinnen** in ein vorgelagertes Becken plätschert. Mit Schöpfkellen kann man das Wasser abfangen, um anschließend einen großen Schluck davon zu trinken. Das garantiert, so besagt es die Legende, entweder ein glückliches Liebesleben, beruflichen bzw. schulischen Erfolg oder aber ein langes Leben – abhängig davon, welches der drei Rinnsale man anzapft. Alle drei Quellen sollte man jedoch nicht anzapfen, da die Einheimischen das als maßlos und gierig ansehen.

Auf der Rückseite der Haupthalle steht der insbesondere bei jungen Japanern ausgesprochen beliebte **Jishu-Schrein**, eine shintoistische Glaubensstätte und ein Vorzeige-Exempel des landesweit anzutreffenden shintō-buddhistischen Synkretismus (s. S. 90). Hier dreht sich fast alles um zwischenmenschliche Beziehungen: Entweder man betet für eine erfolgreiche Partnersuche oder bedankt sich für eine lang andauernde, glückliche Beziehung. Mit käuflich zu erwerbenden Glücksbringern und Talismanen im angeschlossenen **Schrein-Shop** kann man seine Wünsche artikulieren. Die übervolle Wand mit Hunderten von Danksagungen scheint den Erfolg des Schreins in Liebesdingen zu untermauern. Beim **„Blinde-Kuh-der-Liebe-Spiel“** kann man selber aktiv werden: Mit geschlossenen Augen muss man dabei zwischen zwei ca. 10 Meter voneinander entfernten „Liebessteinen“ manövrieren. Wer ohne Hilfe zum anderen Stein gelangt, der wird zeitnah die große Liebe finden. Man kann auch mit akustischer Hilfe in Form von „migi“- oder „hidari“-Rufen („rechts“/ „links“) zum Ziel gelangen, ist dann aber auch im echten Leben auf die Hilfe von Vermittlern angewiesen.

Egal ob per pedes aus der Stadt oder von der Bushaltestelle aus: Zum Tempel Kiyomizu-dera zu gelangen, ist eine **schweißtreibende Angelegenheit**, insbesondere in den hei-

019ky-ld

ßen Sommermonaten. Für den reinen Fußweg von der Hauptstraße am Fuße des Hügels bis zum Tempel benötigt man etwa 10–15 Minuten. Über die Straßen Gojō-zaka und/oder Matsubara-dori gelangt man problemlos hinauf bzw. hinunter. Lohnenswert ist auch die Route über die pittoresken, teilweise mit Stufen versehenen Gassen Sannen-zaka und Ninen-zaka. Aber egal, welchen Weg man wählt, alle Routen werden rechts und links von **Souvenirläden,** kleinen **Geschäften, Restaurants** und **Imbissbuden** flankiert. Zeit für eine kurze Snackpause oder den einen oder anderen Shopping-Stopp sollte man auf jeden Fall einplanen. Und dass es rund um die Sehenswürdigkeit auch mal etwas voller werden kann, versteht sich von selbst.

› **Anfahrt:** Bus 18, 100 und 206 bis Haltestelle Gojō-zaka oder Bus 207 bis Haltestelle Kiyomizu-michi, jeweils ca. 10–12 Min. zu Fuß bis zum Tempel
› 294 Kiyomizu 1-chōme, Higashiyama, Tel. 075 5511234, www.kiyomizudera.or.jp/en, geöffnet: tägl. 6–18, teilweise bis 18.30 Uhr, je nach Saison auch bis 21 Uhr zur nächtlichen Illumination (detaillierte Infos s. Homepage unter „FAQ“), Eintritt: 400 ¥

⓭ Ishibe-Gasse (Ishibe-koji) ★★ [E5]

Nur wenige Meter abseits des Trubels in den Gassen beim Tempel Kiyomizu-dera ⓬ gibt es ein **ruhiges Kleinod,** das man nicht verpassen sollte: die Ishibe-koji. An der schmalen, **gepflasterten Gasse** reihen sich traditionelle japanische **Holzhäuser** auf wie die Perlen an einer Schnur. In diesem Mini-Viertel existieren keine Souvenirgeschäfte oder Imbisse. Vielmehr handelt es sich um ein seit Langem bestehendes **Wohnviertel** Kyotos, das durch feine Restaurants, Teehäuser und Ryokans (klassische japanische Hotels) geprägt wird.

Entstanden ist die Gasse in ihrer heutigen Form vor ca. 100 Jahren in der **Taishō-Zeit.** Viele der Gehwegplatten und Steine der Seitenmauern waren ursprünglich als Baumaterial für die damals entstehenden neuen Straßenbahntrassen vorgesehen. Allerdings hatte man sich verkalkuliert und die überzähligen Steine wurden dann hier verbaut.

Früh am Morgen oder abends, wenn die Gasse mit kleinen Lämpchen romantisch beleuchtet ist, lohnt sich ein Besuch besonders. Da es sich aber auch um ein Wohnviertel handelt, sollte man die an einigen Häusern angebrachten **„Bitte-nicht-fotografieren“-Schilder** respektieren und sich auch akustisch dezent verhalten.

Der Weg zum Tempel Kiyomizu-dera ⓬ ist gesäumt von Geschäften und Speisestätten …

… und der Tempel selbst ist bei Touristen und Einheimischen gleichermaßen beliebt

021ky-ld

⑭ Gion-Viertel ★★★ [D4]

祇園

Die Faszination des Romans „Die Geisha“ kann man hier ganz authentisch nachempfinden: Gion gilt als das bekannteste Geisha-Viertel Japans. Mit etwas Glück kann man noch heute die Mensch gewordenen Ikonen japanischer Kulturtradition auf der Straße treffen.

Hinter dem Terminus *Hanamachi,* zu Deutsch **„Blumenviertel“**, verbergen sich die letzten, noch bestehenden Geisha-Viertel Japans. Während diese früher in fast allen größeren Städten des Landes zu finden waren, ist ihre Zahl heute auf ein gutes Dutzend gesunken. Sie befinden sich in Tokyo, Osaka und Kyoto. In Kyoto zählt man aktuell fünf Hanamachis: Pontochō ⑩, Miyagawachō, Kamishichiken und die zwei benachbarten Viertel **Gion Kobu** (südlich der Shijō-dori) und **Gion Higashi** (nördlich davon).

Beide Teile Gions bestehen aus Straßen und Gassen, die teilweise so schmal sind, dass sie nicht mit dem Auto zu befahren sind. Niedrige, oftmals aus nicht mehr als zwei Stockwerken bestehende Holzhäuschen bestimmen das Bild des Viertels. Neben traditionellen Restaurants und kleinen Geschäften befinden sich hier auch die **Okiya** und **Ochaya:** Erstere sind die gemeinschaftlichen **Wohnstätten** der Maikos und Geishas (s. S. 28), während sie in den Ochayas, den sogenannten **Teehäusern**, ihrer Arbeit nachgehen und dort die gut betuchten Gäste mit ihren Künsten zu bezaubern suchen. Und Tee wird hier nur in Ausnahmefällen serviert, eher stehen bei der abendlichen Zerstreuung hochprozentige Getränke auf den niedrigen Tischen.

Der besondere Reiz Gions entfaltet sich erst **nach Sonnenuntergang**, wenn die pittoresken Häuschen und Gassen durch traditionelle Lampions feierlich illuminiert werden. Mit etwas Glück läuft einem dann auch eine **Geisha** über den Weg, die in voller Garderobe auf dem Weg zu einer beruflichen Verabredung ist.

› **Anfahrt:** Hankyu-Linie bis Kawaramachi, von dort wenige Meter zu Fuß über den Kamo-Fluss; alternativ Keihan-Linie bis Gion-Shijō Station oder diverse Buslinien bis Haltestellen Shijō-Keihan-mae oder Gion

In den kleinen Nebengassen des Gion-Viertels, etwas abseits der Besucherströme, scheint die Zeit stehen geblieben zu sein

Nordöstlich des Zentrums

⑮ Tempel Nanzen-ji ★★ [G3]

南禅寺

Durch das mächtige, 22 Meter hohe San-mon-Tor betritt man das weitläufige Areal des Nanzen-ji und seiner Subtempel, die jeder für sich einen Besuch wert sind.

Die **Geschichte** der Tempelanlage reicht zurück bis in das 13. Jh., als Kaiser **Kameyama** das Areal als Baugrund für seinen Altersruhesitz auswählte. Nach seiner unfreiwilligen Abdankung wurde der vormalige Palast in ein buddhistisches Kloster umgewandelt. Der einstige Tennō (s. S. 24) lebte hier von nun an als einfacher Mönch bis zu seinem Tode im Jahr 1305.

Nach mehreren verheerenden Feuersbrünsten wurde die Gesamtanlage im 17. Jh. neu aufgebaut und entspricht heute noch in großen Teilen dem Entwurf aus dieser Zeit.

Sich einmal selbst als Geisha verkleiden

Einmal im Kimono durch die alte Kaiserstadt flanieren oder sich komplett als Geisha (s. S. 28) schminken und verkleiden lassen? Das ist in Kyoto zu relativ moderaten Preisen möglich und beinhaltet oft ein Erinnerungsfoto für zu Hause:

- •10 *[B4]* ***KyoARUKI Kimono- und Geisha-Studio,** Sagano-kan Bldg., 2. OG, 582 Kikusuiboko-chō, Shijō, Nakagyō-ku, Tel. 075 2137171, https://arthousetexas.org/english, geöffnet: tägl. 10–19 Uhr, U-Bahn (Karasuma-Linie) bis Shijō Station oder Hankyu-Linie bis Karasuma Station. Das Angebot reicht von Kimono-Verleih (über 1000 Modelle) bis hin zu acht unterschiedlichen Geisha-Verkleidungsoptionen. Preisspektrum 3000–20.000 ¥.*
- •11 *[ek]* ***Maikozaka Kimono- und Geisha-Studio,** 76 Onmae-chō, Fukakusainari, Fushimi-ku, Tel. 075 6061534, www.maiko-taiken.com, geöffnet: tägl. 10–18 Uhr., JR Nara-Linie bis Inari. Die Lage des Studios in Inari ist ideal für einen als Maiko oder Geisha verkleideten Spaziergang in der Schreinanlage des Fushimi Inari-Taisha ❺. Der Transformationsprozess inkl. Kimono, Make-up und Perücke dauert etwa 60 Min. Maikozaka hat diverse Optionen im Angebot, die preislich bei 7000 ¥ beginnen. Auch Vermietung von Kimonos und Yukatas für Männer und Frauen ab 3300 ¥.*
- •12 *[B4]* ***Miyabi Yuki Kimono-Verleih,** 807 Tsukinuki-chō, Sanjo-agaru Kamanza-dori, Nakagyō-ku, Tel. 075 2548883, www.miyabi-yuki.jp, geöffnet: tägl. 9–18 Uhr, U-Bahn (Tōzai-Linie) bis Karasuma Oike. Wenn man einen Kimono oder Yukata ausleihen (ab 3000 ¥) oder sich mit kostbaren, traditionellen Kostümen verkleiden lassen (ab 10.000 ¥) und dabei Erinnerungsfotos machen möchte (3000 ¥), ist man hier gut aufgehoben. Das Geisha-Komplettpaket mit Make-up, Frisur, Kimono und Foto gibt es ab 12.800 ¥, jedoch ist stets eine Reservierung notwendig. Auch der Kauf von Kimonos in größeren Größen ist möglich.*

Nähert man sich dem Tempel von der Hauptstraße aus, springt einem sofort das imposante **San-mon-Tor** ins Auge, das 1628 in seiner jetzigen Form errichtet wurde. Tōdō Takatora, der Bauherr des „Berg-Tors" – im alten Japan wurden Tempel ehrfurchtsvoll als „Berg" tituliert – wollte mit dem Bauwerk an seine Soldaten erinnern, die bei der Belagerung der Burg Osaka im Jahr 1615 gefallen waren. Lohnenswert ist ein Besuch der **Aussichtsplattform** des Tors, von der man einen 360-Grad-Rundumblick über Kyoto und die östlichen Berge genießt.

002ky-ld

Der Suirokaku-Aquädukt, Teil des Tempelkomplexes Nanzen-ji ⑮, *ist ein beliebter Fotospot*

Folgt man dem Weg auf der Rückseite des Tors, erreicht man das **ehemalige Wohnhaus des Abtes**, das heute unter dem Namen **Hōjō** den Status eines Nationalschatzes innehat. Eine besondere Faszination üben die insgesamt **sechs Gärten des Hōjōs** aus, von denen die meisten dem typischen Zen-Steingarten-Muster folgen. Beeindruckend sind ferner die Tigerdarstellungen auf den Schiebetüren des Hōjō, für die **Kanō Tan'yū**, einer der berühmtesten japanischen Künstler des 17. Jh., verantwortlich zeichnete.

Wenige Meter südlich des Hōjō trifft man auf ein Bauwerk, das sowohl inhaltlich als auch zeitlich komplett aus dem Rahmen fällt: der **Suirokaku-Aquädukt**, der das Tempelareal durchzieht. Der künstliche Wasserweg, der den Biwa-See mit Kyoto verbindet, war das erste Bauwerk dieser Art, das von japanischen Ingenieuren ohne ausländische Hilfe in den 1880er/90er-Jahren erfolgreich errichtet wurde. Es dient nach wie vor der Wasserversorgung der Stadt und der Erzeugung von Elektrizität, während es als Transportweg für Waren ausgedient hat.

Neben den Hauptgebäuden des Nanzen-ji findet man auch kleine Tempelenklaven wie den **Nanzen-in**, der sich nur wenige Meter und einige Stufen hoch hinter dem Aquädukt versteckt. Der liebevoll angelegte **Garten** mit dem **Drachenteich** *(Sogen-chi)* ist ein Besuchermagnet, vor allem zur Zeit der **Herbstlaubfärbung**.

Der **Konchi-in-Tempel**, dessen Zugang sich südwestlich des San-mon-Tores, also gefühlt außerhalb des Hauptareals befindet, ist eine weitere, wenn auch oft übersehene Perle. Hauptattraktion ist hier der tolle **Kranich- und Schildkrötengarten** *(Tsuru-*

kame), der jeden Tag mit Miniharke und Nagelschere auf Vordermann gebracht zu werden scheint.

Romantische Wege durch gepflegtes Grün oder ein Steinpfad durch einen idyllischen Teich, bei dessen Überquerung man von kräftigen Koi-Karpfen beobachtet wird, sind die Anziehungspunkte eines weiteren Untertempels des Nanzen-ji: Auch der **Tenjuan-Tempel** besticht durch seine bezaubernde Gartenanlage. Ab Mitte November ist der Tempel zusätzlich abends geöffnet, dann werden die bunten Herbstbäume stilvoll illuminiert.

- **Anfahrt:** U-Bahn (Tōzai-Linie) bis Keage Station, von dort 10 Min. Fußweg; Bus 5 ab Kyoto Station 1 bis Haltestelle Nanzenji Eikando-michi
- Nanzenji Fukuchichō, Sakyō-ku, Tel. 075 7710365, www.nanzen.net, geöffnet: tägl. 8.40–17, Dez.–Feb. bis 16.30 Uhr, Eintritt: San-mon-Tor 500 ¥, Hōjō-Haus und -Garten 500 ¥, Nanzen-in 300 ¥, Konchi-in 400 ¥, Tenjuan 400 ¥

16 Heian-Schrein (Heian-jingū) ★★ [E3]

平安神宮

Ein mächtiges, zinnoberrotes Torii begrüßt die aus südlicher Richtung ankommenden Besucher: Das 24 Meter hohe Eingangstor ruht auf 3,63 m dicken Säulen. Willkommen im Heian-jingū!

Trotz der historisch anmutenden Architektur ist der Heian-Schrein, verglichen mit vielen anderen Anlagen der Stadt, eher neueren Datums. Zum **1100. Jahrestag der Hauptstadtwerdung** wurde der Schrein 1895 eröffnet und stellt einen Nachbau der frühen kaiserlichen Paläste aus der Gründungsphase dar. Hier werden die **Tennōs Kammu und Komei**

EXTRATIPP

Tempel Eikan-dō

永観堂禅林寺

Der Eikan-dō ist ein Tempelkomplex, den viele Touristen kaum beachten – und das absolut zu Unrecht. Obwohl bereits im 9. Jh. gegründet, stammen die meisten Bauwerke aus dem 11. bis 14. Jh. In dieser Phase gewann der Tempel an Reputation, da er unter **Abt Eikan** (1033–1111) zu einem Ort der Barmherzigkeit wurde: Hier wurde den Armen und Kranken geholfen.

Besonders die **schöne Gartenanlage,** rund um den zentralen Teich arrangiert, verzaubert die Besucher. Im **November,** wenn sich die ca. 3000 Ahornbäume des Tempels **herbstlich bunt färben** (s. S. 80), lohnt sich der Besuch besonders, da die Farbenpracht dann allabendlich **spektakulär illuminiert** wird.

Hervorzuheben ist auch die ungewöhnliche **Buddhastatue Mikaeri Amida.** Sie dreht den Kopf zur Seite bzw. blickt über die Schulter zurück. Man sagt, sie wolle sehen, ob ihr auch alle Jünger folgen oder – so will es die Legende – sie ruft dem Abt Eikan zu: „Du bist aber langsam".

Die am Berghang errichtete, von üppiger Vegetation umgebene **Pagode Tahō-tō** lohnt den **Treppenaufstieg:** Von hier hat man einen Überblick über den Gesamtkomplex des Eikan-dō und über die sich im Talkessel erstreckende Stadt.

- **Anfahrt:** Buslinie 5 ab Kyoto Station 1 bis Nanzenji-Eikando-michi, Fahrzeit: 35 Min.
- ★13 [G3] **Tempel Eikan-dō,** 48 Eikandochō, Sakyō-ku, Tel. 075 7610007, www.eikando.or.jp, geöffnet: 9–17 (letzter Einlass 16 Uhr), Anf. Nov.–Anf. Dez. zusätzlich 17.30–21 (letzter Einlass 20.30 Uhr), Eintritt: 600 ¥, zur Herbstlaubfärbung tagsüber 1000 ¥, abends 600 ¥ (Stative und Selfiesticks verboten!)

023ky-ld

(s. S. 24) feierlich verehrt. Ersterer saß auf dem Chrysanthementhron, als **Heian-kyō**, so der damalige Name Kyotos, zur offiziellen Hauptstadt des Reiches wurde. Komei hingegen war ihr letzter Regent vor dem Umzug nach Tokyo.

Das Zentrum der Anlage betritt man durch das zweigeschossige **Ōtemon-Tor**, das – ebenso wie die weiteren Bauwerke des Schreins – architektonisch sehr an China angelehnt zu sein scheint. Kein Wunder, denn das Reich der Mitte hatte vor 1000 Jahren in vielen Bereichen des öffentlichen Lebens Vorbildcharakter.

Die großzügige, zentrale **Freifläche** des Heian-jingūs wird rechts vom **Pavillon des Grünen Drachens** *(Sōryū-rō)* und links vom **Pavillon des Weißen Tigers** *(Byakko-rō)* flankiert. Mittig an der Kopfseite des Platzes erhebt sich der **Daigoku-den**, eine verkleinerte Kopie des kaiserlichen Palastes aus dem 9. Jh. Direkt dahinter schließt sich der **Honden** an, die spirituelle Verehrungsstätte der zwei oben genannten Tennōs.

Nicht verpassen sollte man den angeschlossenen **Götter-Garten** *(Shinen)*, der sich über eine Fläche von ca. 33.000 Quadratmetern erstreckt. Im Wechselspiel der Jahreszeiten ändert sich das florale Erscheinungsbild und insbesondere zur **Kirschblüte** ist er ein wahrer Besuchermagnet, da die ca. 300 Kirschbäume – eine besondere Kirschbaumart – dort erst eine Woche später blühen als in großen Teilen der Stadt. Diverse Wasserflächen lockern die Anlage angenehm auf und werden mithilfe von Brücken oder Trittsteinen überquert. Besonders der große Seiho-Teich im Südosten des Gartens ist bezaubernd und wird von mehreren Schildkrötenspezies bewohnt. Bänke und Sitzgelegenheiten laden zum Verweilen oder zur Bewunderung einer überdachten, hölzernen Brücke *(Taihei-kaku)* ein.

› **Anfahrt:** Buslinie 5 ab Kyoto Station 1 bis Haltestelle Okazaki Koen Bijutsukan (Fahrzeit: ca. 30 Min.) oder U-Bahn (Tōzai-Linie) bis Higashiyama Station, von dort 10 Min. zu Fuß

› 97 Nishi Teno-chō, Okazaki, Sakyō-ku, Tel. 075 7610221, http://heianjingu.or.jp, geöffnet: tägl. 6–18, Nov.–Mitte Feb. nur bis 17 Uhr, Eintritt Schrein frei, Gartenanlage 600 ¥

Im Heian-Schrein 16 wird der Tennō-Dynastie gedacht

17 Philosophenweg (Tetsugaku no michi) ★★★ [G2]

哲学の道

Eine bescheidene, von Mauern eingefasste Wasserader, Teil des Biwasee-Kanals, und ein schmaler Fußweg, der am Rande des Kanals entlang verläuft, bilden eine der faszinierendsten Sehenswürdigkeiten im nördlichen Higashiyama.

Der Professor und bedeutende Philosoph **Nishida Kitarō** (1870–1945) nutzte diesen Weg Anfang des 20. Jh., um von seiner Wohnstätte zur kaiserlichen Universität Kyoto, seinem Arbeitsplatz, zu gelangen. Die ruhige, vom Plätschern des Kanalwassers umspielte Wegstrecke bot ihm das ideale Umfeld für seine tiefschürfenden Gedankenspiele. Auf diese Weise wurde er indirekt Namenspatron des Philosophenwegs.

Der Weg beginnt direkt am **Silbernen Pavillon (Ginkaku-ji)** 18 und hat eine Länge von **zwei Kilometern.** Geht man am „offiziellen" Ende des Pfades ca. zehn Minuten weiter in südliche Himmelsrichtung, erreicht man den mächtigen Nanzen-ji-Tempel 15. Alternativ kann man den Spaziergang auch ganz **früh am Morgen** im Süden beginnen, sodass man um 8.30/9 Uhr am Silbernen Pavillon ankommt, der dann seine Pforten öffnet.

Gemütliches Flanieren, ganz nach dem Motto „Der Weg ist das Ziel", und den Blick über die angrenzenden Gebäude und das üppige Grün schweifen zu lassen, ist die beste Art, um die besondere Atmosphäre des Areals kennenzulernen. **Kleine Lädchen**, urige **Cafés** und **religiöse Stätten** flankieren den Weg beidseitig des grazilen Kanals. Am besten lässt man sich einfach treiben, und biegt ab und zu spontan nach rechts oder links ab – so hat das Kitarō-san vor 100 Jahren bestimmt auch gemacht.

Das kontemplative, tiefenentspannte Lustwandeln ist in den letzten Jahren jedoch nicht mehr zu jeder Zeit möglich: Besonders zur **Kirschblüte** (um den Monatswechsel März/April) ist der Philosophenweg bei Einheimischen wie Touristen sehr populär, da hier rund **500 Kirschbäume** mit ihrer Blütenpracht verzaubern. In den frühen Morgenstunden oder abends nach Sonnenuntergang – der Weg ist dann teilweise **illuminiert** – geht es deutlich ruhiger zu. Zur **Herbstlaubfärbung** ist der Besucherandrang ebenfalls sehr groß.

- **Anfahrt:** Buslinien 5, 17 und 100 ab Kyoto Station 1 bis Ginkakuji-michi
- ganzjährig rund um die Uhr geöffnet

024ky-ld

Wenn der Weg das Ziel ist: unterwegs auf dem Philosophenweg

⑱ Silberner Pavillon (Ginkaku-ji) ★★ [G1]

銀閣寺

Wie sein Namensvetter, der Goldene Pavillon ⑲, wurde auch der Silberne ursprünglich als Ruhesitz eines bedeutenden Shōguns geplant und schließlich in einen buddhistischen Zen-Tempel umgewandelt. Aber abgesehen von dieser Parallele überwiegen doch die architektonischen Unterschiede.

Bereits in den 1460er-Jahren begann **Shōgun Ashikaga Yoshimasa,** dessen Großvater den Goldenen Pavillon hatte bauen lassen, mit den Planungen zum Ginkaku-ji, der jedoch als Gesamtanlage erst Ende der 1480er-Jahre fertiggestellt wurde. Im Silbernen Pavillon wollte sich der mächtige Shōgun nach seiner Amtszeit zur Ruhe setzen und sich den religiösen Studien widmen. Mit seinem Tode im Jahr 1490 wurde der Komplex zu einem **Tempel der zenbuddhistischen Rinzai-Schule.**

Beim Besuch der Anlage fällt sofort auf: Der Silberne Pavillon ist **gar nicht silbern!** Und er war es auch nie. Zwei konkurrierende Theorien, beide durchaus schlüssig, versuchen, dieses Phänomen zu erklären. So hatte Yoshimasa ursprünglich den Plan, den Pavillon mit hauchdünnen Silberplättchen zu verkleiden, wurde aber durch den Ōnin-Krieg und die darauffolgenden finanziellen Engpässe daran gehindert. Oder aber der heutige Name wurde erst ein Jahrhundert nach Fertigstellung des Pavillons eingeführt, um den Unterschied zu seinem goldenen Bruder hervorzuheben.

Der Silberne Pavillon ist deutlich schlichter als sein berühmtes Pendant im Nordwesten Kyotos. Er fügt sich bescheiden in die liebevoll arrangierte **Gartenanlage** ein, die von einem idyllischen Teich und einem märchenhaften Moosgarten dominiert wird. Einmalig ist auch der trockene, akribisch geharkte **Sandgarten** *(Ginshadan),* der **„See des Silber-**

025ky-ld

sandes". Hier stich eine kegelförmige Sandskulptur hervor: der Kogetsudai, dessen Form an den heiligen Berg Fuji erinnern soll oder – je nach Interpretation – als Mondbesichtigungsplattform fungiert. Die hellen Sandflächen des *Ginshadan* reflektieren in mondhellen Nächten das Licht und lassen den Ginkaku-ji silbern schimmern (was die dritte Namenserklärung wäre).

Der **Rundweg** durch die Anlage beinhaltet auch einen kleinen **Anstieg** auf die nahen Hügel. Von hier genießt man einen wunderschönen Ausblick auf den Gesamtkomplex, während sich im Hintergrund die Millionenmetrople erstreckt. Erst ganz am Ende des Pfades kommt man dem Pavillon wieder näher. Dieser ist übrigens ganz bewusst unvollkommen gestaltet. Diese „Nicht-Perfektion" folgt einem übergeordneten, **ästhetischen Grundkonzept**, welches im ausgehenden 15. und 16. Jh. die dominierende Kunstform darstellte: **Wabi-Sabi** setzt bewusst auf einfache, nicht perfekte Schlichtheit und will gerade nicht durch Glanz und Glamour bestechen. Minimalismus, in die Jahre gekommene Gegenstände mit Patina, leere Flächen und Räume und eher herbe Einfachheit bestimmen dieses Schönheitsideal, welches seit wenigen Jahren auch in der westlichen Innen- und Wohnarchitektur eine avantgardistische Wiedergeburt feiert.

› **Anfahrt:** Buslinien 5, 17 und 100 ab Kyoto Station ❶ bis Ginkakuji-michi oder Ginkakuji-mae (nur Linie 100), Fahrzeit: ca. 40 Min., anschließend kurzer Fußweg
› 2 Ginkakuji-chō, Sakyō-ku, Tel. 075 7715725, www.shokoku-ji.jp (nur auf Japanisch), geöffnet: tägl. 8.30–17, Nov.–Feb. 9–16.30 Uhr, Eintritt: 500 ¥

Entdeckungen außerhalb des Zentrums

⓳ Goldener Pavillon (Kinkaku-ji) ★★★ [cg]

金閣寺

Die perfekte Symbiose aus Architektur und Natur kann man im Nordwesten Kyotos bewundern. Dabei war der Goldene Pavillon ursprünglich nur als Altersruhesitz eines mächtigen und einflussreichen Shōguns geplant. Aber der Reihe nach...

Ashikaga Yoshimitsu wurde 1368 als Zehnjähriger zum **Shōgun** ernannt, nachdem sein Vater Yoshiakira im Jahr zuvor verstorben war. Während seiner insgesamt sehr erfolgreichen Amtszeit festigte er die Macht des Ashikaga-Clans, sodass ihm noch zwölf weitere Shōgune mit gleichem Familiennamen nachfolgen sollten. Er selbst trat 1394 zu Gunsten seines Sohnes Yoshimochi zurück und wurde als „Großkanzler" zur mächtigen, grauen Eminenz im Hintergrund. Ohne die Vielzahl an offiziellen Terminen und Verpflichtungen konnte er sich nun seinen Privatinteressen im Bereich Kultur, Kunst und Religion widmen und begann nur drei Jahre später mit dem Bau seines Alterswohnsitzes: dem **Kitayama-Palast** mit einer Vielzahl an Bauwerken, die auch den Goldenen Pavillon einschlossen. 1408 starb er unerwartet, hatte jedoch kurz zuvor noch hohen Besuch durch **Kaiser Go-Komatsu** er-

◁ *Der „See des Silbersandes" ist eine Herausforderung für Gärtner*

halten, was seine damalige machtpolitische Relevanz nachhaltig unterstrich. Unmittelbar nach seinem Tod ließ sein Sohn, dem letzten Willen Yoshimitsus entsprechend, die gesamte Palastanlage in einen **Tempel der Rinzai-Sekte** umwandeln, um auf diese Weise auch post mortem dessen Nähe zum Zenbuddhismus zu untermauern.

In seiner gesamten Pracht überdauerte der Pavillon (im Gegensatz zum Kitayama-Palast) in den folgenden Jahrhunderten diverse innerjapanische Konflikte wie den Ōnin-Krieg in den 1470er-Jahren und sogar den Zweiten Weltkrieg. Zunichte gemacht wurde er aber schließlich durch einen geistig verwirrten Mönch. „Der Kinkaku ist einfach zu schön für diese Welt, ich musste ihn zerstören“, lautete die Aussage des **Brandstifters**, der das einmalige Bauwerk niederbrannte. Fünf Jahre später war die goldene Reliquien-Halle jedoch nach Originalplänen wiederaufgebaut und erhielt schließlich 1994 die Anerkennung als **UNESCO-Weltkulturerbe.**

Von den **drei Stockwerken** des Kinkaku sind die zwei obersten mit Goldlack grundiert und zusätzlich mit **Blattgold** verziert. Das **Erdgeschoss** ist im **Shinden-Zukuri-Stil** gestaltet, der klassischen Stilrichtung japanischer Wohnhäuser der Heian-Periode (ca. 800–1200). Im **ersten Stock** erkennt der Architekturliebhaber den **Buke-Zukuri-Stil**, der insbesondere von Angehörigen der aristokratischen Kriegerschicht geschätzt wurde, während in der **obersten Etage** die typischen Elemente der traditionellen **Zen-Tempel-Architektur** chinesischer Prägung ins Auge fallen.

Gekrönt wird der grazile Pavillon schließlich von einem **Fenghuang**, einem mythologischen „Wundervogel“, der mit einer Vielzahl an positiven Eigenschaften wie Anmut, hoher Kunstfertigkeit, der harmonischen Vereinigung von Mann und Frau oder dem jeweiligen Herrscherhaus verbunden

Der Goldene Pavillon **19***: wenn ein Tempel zur Postkartenikone wird*

wird. Eingebettet ist der filigrane Pavillon in eine sehr schön gestaltete **Gartenanlage** und einen großen, von Menschenhand entworfenen See. Besonders prachtvoll erscheint der Kinkaku bei Sonnenschein, wenn seine golden strahlende Fassade vom Wasser des Kyōko-chi („Spiegelteich") reflektiert wird.

Die **buddhistischen Reliquien** im Tempel selbst können **nicht besichtigt** werden, da das allgemeine Publikum keinen Zutritt hat. Das mag auch mit der schieren Besuchermenge zusammenhängen, die die Gesamtanlage täglich durchqueren, weshalb man – so es denn organisatorisch möglich ist – Wochenenden und Feiertage meiden sollte. Alternativ empfiehlt sich eine Visite am **späten Nachmittag**, kurz vor der Schließzeit, da 30–45 Minuten für die Besichtigung ausreichend sein sollten.

› **Anfahrt:** Buslinien 12 und 59 bis Haltestelle Kinkakuji-mae oder Buslinien 101, 102, 204 und 205 bis Kinkakuji-michi
› 1 Kinkakuji-chō, Kita-ku, Tel. 075 4610013, www.shokoku-ji.jp, geöffnet: tägl. 9–17 Uhr, Eintritt: 400 ¥, erm. 300 ¥

20 Tempel Ryōan-ji ★★★ [ch]

龍安寺

Die wohl berühmtesten 250 Quadratmeter Japans, die nur mit kleinen Kieseln, 15 größeren Steinen und ein wenig Moos bedeckt sind, kann man im Nordwesten Kyotos bestaunen. Was eher unspektakulär klingt, ist in der Realität durchaus faszinierend und wirft deutlich mehr Fragen auf, als beantwortet werden können.

Laut historischen Chroniken wurde das Areal der heutigen Tempelanlage Mitte des 15. Jh. vom mächtigen **Kriegerclan der Hosokawa** erstanden, die sich hier unter Führung ihres Oberhauptes **Hosokawa Matsumoto** eine eindrucksvolle Residenz errichteten. Wie viele **Samurai** seiner Zeit war er ein glühender Anhänger des **Zenbuddhismus**, der die Ideale und Werte der Militärkaste am besten repräsentierte. So lag es nur nahe, auf dem Areal auch einen Tempelkomplex zur Meditation zu errichten, den „Tempel des zur Ruhe gekommenen Drachens", so die deutsche Übersetzung von Ryōan-ji.

Elementarer Bestandteil sollte ein **Karesansui**, ein trockener Landschaftsgarten, werden. Vermutlich entstand dieser **Zen-Garten** um 1500. Jedoch sind sich die Forscher diesbezüglich uneins und es gibt durchaus Experten, die die heutige Ausgestaltung der Gartenanlage auf die Zeit um 1800 datieren, da es nach einem schweren Brand 1779 zu einer kompletten Neugestaltung von Tempel und Garten kam.

Der steinerne Zen-Garten ist Teil einer umfassenderen Garten- und Tempelanlage. Vom Süden aus betritt man das Areal durch das **Sanmon**, das **Haupttor**, wo sich auch das **Kassenhäuschen** befindet. Zusammen mit der Eintrittskarte erhält man eine **Infobroschüre** mit einem kleinen Übersichtsplan.

Der Weg zum **Haupthaus (Kuri)** und zu den **Gemächern des Abts (Hōjō)** führt am idyllischen **Kyoyo-chi-Teich** vorbei, der sich sehr harmonisch in die Landschaft einfügt, obwohl er von Menschenhand erschaffen ist. Im Hauptgebäude kann man die minimalistisch schönen Gemächer des Abts besichtigen, die direkt mit dem Zen-Garten verbunden sind. Die vorgelagerte Holzterrasse dient dabei als Aussichts- oder Meditationsplattform.

Der **trockene Landschaftsgarten** besteht aus einem 10 mal 25 Meter großen Rechteck, in dem 15 kleine bis mittelgroße Steine in fünf Gruppen platziert sind. Umgeben sind sie von akkurat geharkten Kieselsteinen und einer Mauer, die aus in Öl gekochtem Lehm besteht. Die 15 Steine sind jedoch nie alle auf einmal zu sehen. Egal, welchen Blickwinkel man wählt, über die Zahl 14 kommt man beim Zählen nicht hinaus. Den 15. Stein sieht man nämlich erst – so will es die Legende – wenn man durch ausgiebiges, jahrelanges Meditieren die spirituelle Erleuchtung erfährt.

Auch die Frage „Was möchte uns der Schöpfer des Gartens damit sagen?" lässt sich nicht final beantworten. Einige sehen darin eine Tigermama, die mit ihren Welpen einen See durchschwimmt, andere erkennen mehrere Berggipfel, die die Wolkendecke durchstoßen und wieder andere interpretieren die Steine als felsige Inseln im Ozean. Vermutlich entsprach dies genau dem Anliegen des Schöpfers: Jeder Betrachter sollte sich ohne Vorgaben sein eigenes Bild machen und einfach seiner Fantasie folgen.

Auf der Rückseite des Gebäudes befindet sich ein **Tsukubai**, ein kreisrundes, steinernes **Wasserbecken**, wie es in fast allen religiösen Stätten Japans zu finden ist. Die Wasserbecken dienen der rituellen Reinigung von Händen und Mund; um sie zu benutzen, beugt man sich demütig (und das auch im symbolischen Sinne) nieder. Die vier Schriftzeichen auf diesem **Tsukubai** geben eine buddhistische Lebensweisheit wieder, wie sie typischer nicht sein könnte: „Was du hast, ist alles, was du benötigst" fordert unmissverständlich zu Bescheidenheit, Demut und Ablehnung von materialistischem Denken auf. Dem Erschaffer des Wasserbeckens ist ein Sinn für Ironie nicht abzusprechen, da die Form des Beckens mit dem quadratischen Loch in der Mitte einer traditionellen chinesischen Geldmünze zum Verwechseln ähnelt.

› **Anfahrt:** Busse 50 und 55 bis Haltestelle Ritsumeikan daigaku-mae, von dort noch ca. fünf Gehminuten, Bus 59 bis Ryōanji-mae oder Keifuku-Randen-Tram (Kitano-Linie) bis Haltestelle Ryōanji, von dort auch fünf Gehminuten
› 13 Ryōanji Goryonoshitachō, Ukyō-ku, Tel. 075 4632216, www.ryoanji.jp/smph/eng, geöffnet: tägl. 8–17, Dez.–Feb. nur bis 16.30 Uhr, Eintritt: 500 ¥, Kinder bis 15 Jahre 300 ¥. Im Hauptgebäude und auf der Holzterrasse vor dem Steingarten gilt: **Schuhe ausziehen!**

21 Arashiyama ★★★ [ai]

嵐山

An der westlichen Stadtgrenze, ca. zehn Kilometer vom Stadtzentrum entfernt, fasziniert ein Stadtviertel, dessen Erscheinung von Wäldern, Bergen, einem Fluss, Dutzenden Tempeln und dem berühmtesten Bambushain Japans geprägt wird. Die Anziehungskraft ist jedoch so stark, dass man hier so gut wie nie alleine unterwegs ist.

Sagano-Bambuswald und Tempel Tenryū-ji

嵯峨野 竹林, 天龍寺

Kaum eine filmische Reisedokumentation und kaum eine Broschüre des japanischen Fremdenverkehrsamtes kommt ohne ein Foto von ihm aus: dem **ikonischen Bambuswald von Sagano.** Dynamisch strecken sich die filigranen Stämme gen Himmel, wiegen sich sanft in der leichten Brise und erzeugen dabei ein fast meditatives Rauschen – einmalig! Auf einer Länge von ca. 600 Metern kann man den Wald auf einem **befestigten Weg** durchschreiten, der rechts und links von einem Bambuszaun flankiert wird. Für Fotografen und Menschen mit einem Hang zum friedvollen Genießen empfiehlt sich definitiv ein Besuch ganz **früh am Morgen eines Werktags**, am besten direkt nach Sonnenaufgang. Alternativ kann man den Hain auch **am Abend** durchschreiten, wenn die Touristenströme bereits wieder stark nachgelassen haben.

Der **bedeutendste Zen-Tempel der Stadt** befindet sich ebenfalls in Arashiyama: der im Jahr 1339 gegründete **Tempel Tenryū-ji.** Der Stifter der Anlage war der historisch bedeutende Shōgun Ashikaga Takauji, der 1333 in einer militärisch-strategischen Allianz mit dem Kaiser Go-Daigo selbigem die volle Kaisermacht zurückgab (Kemmu-Restauration). Das Bündnis hielt jedoch nur drei Jahre und aus den vormaligen Alliierten wurden erbitterte Feinde. Mit dem Tode Go-Daigos 1339 erlosch die Feindschaft und Ashikaga Takauji ließ den Tenryū-ji als Gedenkstätte für den Tennō (s. S. 24) errichten.

Der **Tempelkomplex** besteht aus einer Vielzahl an Gebäuden, wobei die **Große Zeremonialhalle (Hōjō)** gleichsam das geografische wie auch spirituelle Zentrum darstellt. Mit Ausnahme der Meditationshalle wurden 1864 alle Bauwerke des Tenryū-ji Opfer einer Feuersbrunst und sind somit neueren Datums. Der Wiederaufbau gelang jedoch mit viel Liebe zum Detail und architektonischem Fingerspitzengefühl.

Der berühmte **Tempelgarten** *(Sôgenchi Teien)* stammt in punco Entwurf und Ausgestaltung jedoch noch aus der Mitte des 14. Jh. und wurde von dem berühmten Zen-Mönch und

028ky-ld

Gartenbaumeister **Musō Soseki** entworfen. Die Gartenanlage gruppiert sich um einen großzügig bemessenen Teich herum und besticht neben der üppigen Botanik durch geharkte Kiesflächen und unbehauene Felsen. Perspektivisch wurde der Garten perfekt in die Landschaft eingefügt, da die umgebenden Berge als erweiternde Sichtachsen dienen. Deshalb sprechen die Japaner hier von einer „geliehenen Landschaft“. Besonders lohnt sich der Besuch im November, wenn die **Herbstlaubfärbung** einen ganz speziellen Zauber verbreitet.

Stolz und erhaben wächst der Bambus gen Himmel

› **Anfahrt:** mit der JR Sagano-Linie (Teilstück der JR San-in-Linie) ab Kyoto Station ❶ bis Saga-Arashiyama (Fahrzeit: 15 Min.), von dort 10 Min. Fußweg; mit der Keifuku-Randen-Tram (Arashiyama-Linie, s. S. 47) ab Shijō-Ōmiya bis Arashiyama (Fahrzeit: 22 Min.); mit der Hankyu-Linie ab Kawaramachi bis Katsura, dort Umstieg in die Hankyu-Arashiyama-Linie bis Endstation Arashiyama (insgesamt 20 Fahrminuten), von dort 6–7 Min. Fußweg; Buslinie 28 ab Kyoto Station (Fahrzeit: ca. 40 Min.); Buslinie 11 ab Shijō Kawaramachi (Fahrzeit: ca. 40 Min.). Grundsätzlich ist die Anreise mit einem Schienenfahrzeug zu empfehlen, da die Busse deutlich länger benötigen und sich die Fahrzeit durch Staus oft zusätzlich verlängert.

KLEINE PAUSE

Matcha-Eis

Ein definitives Must-eat in Arashiyama ㉑ sind die köstlichen **Eiscremespeisen**, die von verschiedenen **Cafés und Eisdielen** angeboten werden. Besonders populär ist die Sorte Matcha: grüner Tee in Eisform, der in vielen Varianten angeboten wird. Ab 400 ¥ ist zum Beispiel ein **Matcha-Softeis in der Waffel** zu haben.

029ky-ld

★14 [ai] **Tempel Tenryū-ji,** 68 Susukinobaba-chō, Saga-Tenryūji, Ukyō-ku, Tel. 075 8811235, www.tenryuji.com, geöffnet: tägl. 8.30–17.30, Mitte Okt.–Mitte März nur bis 17 Uhr (der nördliche Eingang schließt jeweils 30 Min. früher), Eintritt: Garten 500 ¥, Gebäude zusätzlich 300 ¥

Tempel Otagi Nenbutsu-ji
愛宕念仏寺

Deutlich **abseits der Touristenströme** befindet sich ein Höhepunkt der Tempelarchitektur Arashiyamas, wobei Besucher eher das Umfeld des Tempels Otagi Nenbutsu-ji in den Bann zieht. Mitten im Wald gelegen, ist es ein Ort absoluter Ruhe und Kontemplation. Die **Geschichte** des Otagi Nenbutsu-ji ist fast 1300 Jahre alt und sie ist von Elend, Pech sowie Verwüstung geprägt. Mehrfache vollständige Zerstörung durch Überflutungen und andere Naturkatastrophen, Feuersbrünste sowie Bürgerkriege bestimmen die Berichte über den Tempel. Nach diversen Umzügen wurde er schließlich 1922 am jetzigen Orte neu aufgebaut, doch das schlechte Karma schien ihm zu folgen: 1950 zerstörte ein schwerer Taifun die Anlage erneut. Nach dem Wiederaufbau in den 1950er-Jahren waren die Götter jedoch dem Tempel gewogen und das „Glück" hält bis heute an. Sicherlich helfen dabei die 1200 steinernen **Rakan-Skulpturen,** als Erinnerung an die ersten 1200 Jünger Buddhas, die zu großen Teilen zwischen 1981 und 1991 von Hobby-Steinmetzen geschaffen wurden. Jede Figur ist ein **Unikat,** keine gleicht der anderen, teilweise sind sie mit lustigen Gesichtszügen oder unterhaltsamen Attributen versehen. Das feuchtwarme Klima Kyotos sorgt für ausgesprochen schnelles Pflanzenwachstum – so wundert es nicht, dass die Rakans mit einer dünnen **Moosschicht** überzogen sind und dadurch viel älter wirken.

› **Anfahrt:** Direkt gegenüber der Tram-Haltestelle Arashiyama liegt die Haltestelle Arashiyama Tenryūji-mae, von dort fährt man mit den Buslinien 62, 72, 92 und 94 in Richtung Kiyotaki bis zur Haltestelle Otagidera-mae (Fahrzeit: ca. 15 Min.).

★**15** [ah] **Tempel Otagi Nenbutsu-ji,** 2–5 Fukatani-chō, Saga-Toriimoto, Ukyō-ku, Tel. 075 2851549, www.otagiji.com, geöffnet: tägl. 8–17 Uhr, Eintritt: 300 ¥

Togetsukyō-Brücke und Bootsfahrten auf dem Fluss

渡月橋

Idyllisch gelegen und eines der **Wahrzeichen Arashiyamas** ist die **Togetsukyō-Brücke,** eine 150 Meter lange Verbindung über den **Ōi-Fluss.** Die Konstruktion an sich ist wenig spektakulär, aber Historie und Örtlichkeit sorgen für Bedeutung und Attraktivität. Schon vor über 1000 Jahren, in der Heian-Zeit, gab es hier eine Flussquerung, die laut dem damaligen Tennō Kameyama besonders geeignet sei, den aufgehenden Mond über der bewaldeten Berglandschaft zu bewundern. So bedeutet Togetsukyō auf Deutsch etwa so viel wie „Mond-Überquerungsbrücke".

Ganz in der Nähe der Togetsukyō-Brücke kann man die wunderschöne Landschaft auch vom Wasser aus beobachten. Mehrere Anbieter offerieren **Bootsfahrten auf dem Katsuragawa** (zum Flussnamen: s. S. 48). Ein kleines Ruderboot kostet um die 1500 ¥ pro Stunde, muss aber mit eigener Muskelkraft bewegt werden.

Auch ist ein **Fährverkehr** eingerichtet, der jedoch nicht direkt auf die andere Uferseite übersetzt, sondern einige hundert Meter den Fluss hinauf- bzw. hinabschippert. Der **Anleger** befindet sich auf der nördlichen Flussseite in der Nähe der Brücke bzw. am südlichen Ufer in der Nähe des Senkō-ji-Tempels (s. S. 49). Will man umgekehrt vom Senkō-ji zurück nach Arashiyama, gibt es am dortigen Anlegepunkt eine Besonder-

EXTRATIPP

Die letzte Tram und der Kimono-Wald

Die Straßenbahnen der **Keifuku-Randen-Linie** ruckeln seit 1910 durch Kyoto und die **zwei Linien** – die **Arashimaya-** und die **Kitano-Linie** – sind die letzten verbliebenen Tramlinien der Stadt. Bis 1978 verkehrten die Straßenbahnen auf über 70 km Trassenlänge und transportierten in der Hochphase 210 Mio. Passagiere jährlich. Ein viel diskutierter Stadtratsbeschluss beendete dieses Kapitel schließlich: Stattdessen wurde der öffentliche Nahverkehr auf eine zu bauende U-Bahn und Busse umgestellt.

Die Keifuku-Randen-Linie ist ein letztes, bescheidenes Überbleibsel dieser Zeit. Aber nicht nur für **Tram-Romantiker** lohnt sich die Fahrt. Nach einer grundlegenden Renovierung 2013 erstrahlt die westliche Endhaltestelle **Arashiyama** 21 in neuem Glanz und wurde durch einen einmaligen **Kimono-Wald** erweitert. In 600 schlanke, an der Station errichtete Säulen wurden traditionelle, farbenfrohe Kimono-Muster integriert. Höhepunkt der Installation ist der **Kimono-Pfad,** der an der südlichen Seite des Bahnhofs direkt an die Gleise grenzt. Am Tage hübsch anzusehen, entfaltet sich die beeindruckende Schönheit vor allem nach Einbruch der Dunkelheit, wenn die Säulen **illuminiert** werden. Der östliche Endpunkt der Arashiyama-Linie befindet sich in **Shijō-Ōmiya.**

heit: Die Boote legen hier nur dann an, wenn der potenzielle Fahrgast vom Ufer mit einer **weißen Fahne**, die dort bereitliegt, die Fähre heranwinkt (Fahrpreis: 400 ¥).

Etwas abenteuerlichere Bootsfahrten mit moderaten **Wildwasserelementen** werden ab dem kleinen Ort **Kameoka** angeboten, der ungefähr 16 Kilometer flussaufwärts liegt. Die Fahrgäste sitzen dabei auf Matten auf dem Schiffsboden. Der letzte Anleger in Arashiyama befindet sich nur wenige Gehminuten westlich der Togetsukyō-Brücke. Konkrete Infos, auch zu den saisonalen Abfahrtszeiten, findet man auf der Website.

- **Anfahrt:** JR Sagano-Linie bis Haltestelle Kameoka, vom Bahnhof zum kleinen Bootsterminal knapp 10 Min. zu Fuß
- **Bootsfahrten:** www.hozugawakudari.jp/en, Anf. März–Nov. Mo.–Fr. 9–15.30 Uhr stündliche Abfahrten, Sa./So. und Dez.–Anf. März seltener, Tourdauer: ca. 2 Std., Kosten: 4100 ¥ pro Person, Kinder 4–12 Jahre 2700 ¥

Bootsfahrten auf dem Hozu-gawa sind ein beliebter Zeitvertreib in Arashiyama 21

KURZ & KNAPP

Der Name des Flusses

Sehr verwirrend ist die **Namensgebung** der breiten Wasserader in Arashiyama 21. Bis kurz vor der Togetsukyō-Brücke heißt der Fluss **Hozu-gawa,** wird dann rund um die Brücke zum **Ōi-gawa** und ändert danach seinen Namen in **Katsura-gawa** (auf vielen Karten ist er auch durchgehend so benannt). Er fließt später in den größeren Kamo-gawa, der durch Kyotos Stadtzentrum verläuft, um dann schließlich über den Yodo-gawa bei Osaka ins Meer zu münden.

Iwatayama Monkey Park
嵐山モンキーパー

Eine Attraktion der ganz anderen Art ist der **Affenpark Iwatayama** (manchmal auch Arashiyama Monkey Park genannt). Auf einem Berg, der sich südlich der Togetsukyō-Brücke erhebt, befindet sich ein großes Freigehege, in dem ca. 120–130 wilde **Japanmakaken** leben. Diese Affenart, der Name lässt es erahnen, lebt ausschließlich in Japan. Man kennt sie auch als **Rotgesichtsmakaken** und **Schneeaffen**, die sich in den kalten Wintermonaten vorzugsweise in heißen Quellen aufwärmen (was hier jedoch nicht der Fall ist). Bevor man die ausgesprochen lebendigen Primaten jedoch zu Gesicht bekommt, muss man erst einmal den Berg erklimmen und ca. 150 Höhenmeter überwinden. Deshalb sind feste Schuhe und im Sommer ein kühles Getränk im Gepäck definitiv zu empfehlen. Der **Aufstieg** dauert, je nach Konstitution, zwischen 20 und 30 Minuten. Um einen sicheren Besuch zu gewährleisten, sind unbedingt einige **Verhaltenshinweise** zu beachten:

- Den Affen nie direkt in die Augen sehen.
- Keine Nahaufnahmen mit der Kamera machen, da die Affen selbige ähnlich wie anstarrende Augen wahrnehmen und entsprechend aggressiv reagieren können.
- Beim Fotografieren niemals hinknien.
- Zwei Meter Mindestabstand zu den Tieren einhalten (die am schwersten zu befolgende Regel, da die Makaken diese ständig unterlaufen!)

Auf dem offenen Bergplateau tummeln sich die Affen und von einigen **Sitzbänken** aus kann man entweder die menschlichen Verwandten beobachten oder die **traumhafte Aussicht** über das im Talkessel befindliche Kyoto genießen. Für nur 100 ¥ lassen sich kleine **Futterportionen** aus Nüssen, Äpfeln oder Bananen erstehen. Allerdings sind die Rollen hier vertauscht: Die fütternden Besucher dürfen den hungrigen Primaten die gesunden Snacks nur aus einem überdachten Käfig heraus reichen.

★16 [ai] **Iwatayama Monkey Park,** 8 Arashiyama Genrokuyama-chō, Nishikyo-ku, Tel. 075 8720950, http://monkeypark.jp, geöffnet: tägl. 9–16.30, Okt.–Mitte März nur bis 16 Uhr (Park schließt jeweils 30 Min. später), Eintritt: 550 ¥, Kinder 4–15 Jahre 250 ¥

Tempel Senkō-ji (Daihikaku)
千光寺

Wer dem Trubel und den Menschenmassen in Arashiyama entfliehen möchte, dem sei der **beschauliche, idyllisch gelegene Senkō-ji-Tempel** empfohlen. Vor über 400 Jahren wurde er am Berg über dem Hozu-Fluss errichtet und diente anfangs dem Gedenken an Bauarbeiter, die bei der Konstruktion von Kanälen ihr Leben gelassen hatten.

Bereits der **Weg** zum Tempel ist zauberhaft: Nachdem man die **Togetsukyō-Brücke** überquert hat, folgt man dem schmalen Uferweg auf der Südseite des Ōi-Flusses. Nach etwa 20 Minuten windet sich der Pfad auf ausgetretenen **Steinstufen** den Berg hinauf, denen man für weitere rund zehn Minuten folgt. Dann erreicht man das Tempel-Kleinod, das tagsüber von zwei Mönchen (und deren Hund) betreut wird, die auch den bescheidenen Eintrittsobolus entgegennehmen.

Zur spirituellen Erbauung kann man die **Bronzeglocke** läuten, deren Klang sanft über die angrenzenden Hügel und Berge gleitet. Die bescheidene **Haupthalle** des Senkō-ji dient als Studienraum, Speisestätte (für 500 ¥ werden grüner Tee und japanische Süßigkeiten gereicht) und nicht zuletzt als **spektakuläre Aussichtsplattform.** Je nach Wetter kann man durch großzügige Fenster oder direkt vom schmalen Außenbalkon aus den Blick über Fluss und Stadt schweifen lassen. Für den richtigen Durchblick sorgen gratis bereitgestellte **Ferngläser.**

★17 [ai] **Tempel Senkō-ji,** 62 Nakao Shimo-machi, Arashiyama, Nishikyo-ku, Tel. 075 8612913, http://daihikaku.jp, geöffnet: tägl. 10–16, im Frühling/Herbst teilweise 9–17 Uhr, Eintritt: 400 ¥

Gastrotipps in Arashiyama

18 [ai] % **Arabica Arashiyama,** 3-47 Sagatenryūji Susukinobabachō, Ukyō-ku, Tel. 075 7480057, https://arabica.coffee/en/location/kyoto-arashiyama, geöffnet: tägl. 8-18 Uhr. Eine Filiale der phänomenalen Percent-Kette, die zu einer Kaffeepause in Arashiyama einlädt.

19 [ah] **Café Boulangerie Marche,** 5-3 Sagatenryūji, Kitatsukurimichichō, Ukyō-ku, Tel. 075 8620824, geöffnet: Di.-Sa. 9-17 Uhr. Die kleine französisch angehauchte Bäckerei hat diverse Brotsorten, Gebäck und belegte Sandwiches im Angebot. Ganz in der Nähe des Bahnhofs Saga-Arashimaya gelegen und perfekt, um sich vor dem Erkunden von Arashiyama mit Proviant einzudecken.

Tempelwanderung: von Kurama nach Kibune

鞍馬, 貴船

Wunderschöne Berge und in tiefes Grün gebettete Tempelanlagen erwarten den Besucher im Norden Kyotos. Nur 45 Minuten außerhalb der Millionenmetropole begegnet man einem ganz anderen Kyoto.

EXTRATIPP

Café Kifune Club

Für eine kleine **Einkehr und Stärkung** empfiehlt sich das Kifune Club, ein gemütliches Café, das mit viel hellem Holz eingerichtet ist und mit bodentiefen Fenstern zur Straße punktet. Diverse **Eisbecher** und **Pfannkuchengerichte** füllen die Kohlenhydratespeicher schnell wieder auf.

22 Kifune Club ¥¥, 76 Kuramakibune-chō, Sakyō-ku, Tel. 075 7413039, www.ugenta.co.jp/kifuneclub.html, geöffnet: tägl. 11-18 Uhr

Bereits am **Bahnhof von Kurama** taucht man in die japanische Fabelwelt ein: Ein riesiger, knallroter **Tengu** (s. S. 51) – gewissermaßen das japanische Pendant zu Pinocchio – begrüßt die aussteigenden Fahrgäste auf dem Parkplatz.

Wenige Meter von Kurama Station entfernt steht das mächtige **Niomon**, das **Haupttor** des mystischen **Tempels Kurama-dera,** das auch das **Kassenhäuschen** beherbergt. Ab hier folgt man dem Weg, der von **roten Tempellaternen** flankiert wird, immer bergauf. Alternativ kann man auch die **Standseilbahn** zur Haupthalle nehmen, jedoch verliert der Besuch der Anlage auf diese Art viel von seiner Atmosphäre.

Nach wenigen Minuten erreicht man erneut ein mächtiges Tor, das Eingangsportal zum **Yuki-Schrein.** Hier können Wünsche und Gebete an die Götter artikuliert werden oder man kauft sich als schönes Souvenir und gutes Omen einen der kleinen Tengu-Schlüsselanhänger. Der Aufstieg erfolgt über **Serpentinen,** rechts und links wird das Auge durch die bezaubernde Natur und kleine religiöse Bauwerke abgelenkt. Nach ca. 30 Minuten erreicht man ein hoch am Berg gelegenes **Plateau,** auf welchem die **Haupthalle** *(Honden)* des Tempels Kurama-dera thront. Erneut kann man hier Wünsche an die Götter loswerden: Direkt vor der Halle befindet sich ein steinernes Dreieck zwischen den Steinplatten, dem besondere spirituelle Energie zugesprochen wird. Oder man schnauft durch und genießt den **fantastischen Ausblick** über die Berglandschaft Nord-Kyotos.

Der **Kurama-dera** ist religionshistorisch nicht ganz einfach einzuordnen. Er wurde im 8. Jh. als buddhistische Institution gegründet, aber die jeweilige theologische Ausrichtung änderte sich über die Jahrhunderte mehrfach. Seit Mitte des 20. Jh. wird hier *Sonten*, eine **Dreifaltigkeit**, bestehend aus *Bishamonten, Kannon* und *Maoson*, verehrt, welche Sonne, Liebe und Macht repräsentieren.

Westlich der Haupthalle, hinter einem kleinen Tor, setzt sich der Pfad Richtung **Berggipfel** fort. Nach wenigen Minuten erreicht man den Gipfel und kann erneut auf einer Bank pausieren. Hier befindet sich ein eingezäunter **Mini-Obelisk aus Stein**, den Minamoto no Yoshitsune, ein berühmter japanischer Oberbefehlshaber, als junger Mönch nutzte, um das Wachstum seines Körpers mit Kerben zu markieren.

Hier zweigt ein kleiner Weg ab, der sogenannte **Baumwurzel-Pilgerpfad (Kinone Sando)**, der einen kurzen **Abstecher** verdient. Ab jetzt geht es nur noch bergab, über Stock und Stein vorbei an drei weiteren beschaulichen Tempeln, bis man schließlich am **Nishi-mon (Nishi-Tor)** und an der **roten Brücke** über den Kibune-gawa-Fluss wieder die asphaltierte Zivilisation erreicht.

KURZ & KNAPP

Das Fabelwesen Tengu

Spätestens seit dem Mittelalter ist in Japan eine Vielzahl an quasireligiösen Fabelwesen bekannt, die unter dem **Oberbegriff Yōkai** subsumiert werden. In Zeichnungen, Berichten und Skulpturen sind sie präsent. Dabei sind die Tengus die wohl populärste und am weitesten verbreitete Art. Mit der wörtlichen Übersetzung – „göttlicher Hund" oder „Himmelshund" – haben sie heute jedoch kaum noch etwas gemein. Egal ob **Langnasen-Tengu** oder **Krähen-Tengu:** Beide Arten können fliegen und sich in Windeseile von A nach B bewegen. Ihr Lebensraum sind zumeist **bewaldete Bergareale,** die ihnen Schutz vor allzu neugierigen Menschen gewähren. Besonders die Langnasen-Tengu, deren überdimensionales Riechorgan wohl aus einem Vogelschnabel hervorging, sind vielerorts anzutreffen, etwa im **Tempel Kurama-dera** (s. S. 52). An der **phallusartigen Nase** ist die Nähe zu den in Japan populären **Fruchtbarkeitskulten** erkennbar.

Die Bergidylle Kuramas ist einfach bezaubernd

030ky-ld

EXTRATIPP

Wellness im Kurama Onsen

Was den Finnen ihre Sauna, ist den Japanern ihr Onsen. Statt heißer Luft ist das universelle Heil- und Entspannungsmedium hier jedoch **heißes Wasser.** Zumeist werden Onsen von natürlichen Quellen in der Nähe der Badestätte gespeist. Dank der **geothermischen Aktivität** auf dem japanischen Archipel gibt es eine Vielzahl solcher Wellness-Institutionen im gesamten Land.

Eine wahre Perle unter den Onsen ist die **heiße Quelle in Kurama.** Besonders der liebevoll angelegte **Außenbereich** unter freiem Himmel und mit Blick auf die umgebenden Berge ist traumhaft schön. Im **angeschlossenen Ryokan** besteht die Möglichkeit der stilvollen Übernachtung (s. S. 121).

› **Anfahrt:** Eizan-Linie bis Endhaltestelle Kurama, dann Umstieg in den Pendelbus des Onsens (parkt vor dem Bahnhof) oder 10 Min. zu Fuß

•**23 Kurama Onsen,** 520 Kuramahonmachi, Sakyō-ku, Tel. 075 7412131, www.kurama-onsen.co.jp, geöffnet: tägl. 10.30–21, im Winter bis 20 Uhr, letzter Einlass 40 Min. vor Schließzeit, Eintritt: 2500 ¥ (inkl. Innen- und Außenbereich, zwei Handtüchern und leichtem Kimono namens Yukata); 1000 ¥ nur Außenbereich (plus Miete 400 ¥ für großes Handtuch und 200 ¥ Kaufpreis für Gesichtshandtuch)

Wer noch fit und zudem kulturell interessiert ist, der sollte in Kibune den lokalen, ebenfalls idyllisch im Grünen gelegenen **Kifune-jinja-Schrein** (manchmal auch **Kibune-jinja** geschrieben) besuchen. In dem Schrein, auf drei Ebenen am Berg errichtet, wird der Shintō-Gott des Wassers verehrt. Schon der Weg zum Schreinareal bezaubert durch alte, ausgetretene Steinstufen und dicht an dicht stehende, zinnoberrote Wegleuchten.

Auch der Besuch von **Kibune** lohnt sich, da dort **urige Ryokans** (traditionelle Gasthäuser, s. S. 120) und geschmackvolle Restaurants die müden Wanderer zur Stärkung einladen. Eine Besonderheit zeigen die Speisestätten Kibunes in den heißen Sommermonaten: **Kawadoko** sind Holzplattformen zum Sitzen, die nur wenige Zentimeter über dem plätschernden Fluss installiert sind. Das Rauschen des Flusswassers sorgt für eine entspannte, ruhige Stimmung, gleichzeitig ist es hier angenehm kühl – in den Sommermonaten sogar bis zu 10 °C weniger als im Stadtzentrum.

Der Hauptstraße folgt man nun ca. 2 Kilometer leicht bergab bis zum **Bahnhof Kibune-guchi,** von wo die Züge der Eizan-Linie wieder Richtung Kyotoer Innenstadt verkehren.

Insgesamt hat die **Wanderung** eine Länge von ca. 4 Kilometern, man überwindet 250 Höhenmeter und sollte inklusive Foto- und Verschnaufpausen 2,5–3 Stunden einplanen. Der Eintrittspreis für den Kurama-dera beinhaltet eine wunderschön gezeichnete **Übersichtskarte,** die Orientierung bietet.

› **Anfahrt:** JR Nara-Linie von Kyoto Station ❶ nach Tofukuji, dort Umstieg in die Keihan-Linie bis Demachiyanagi, dann Umstieg in die Eizan-Linie bis Kurama, die mit einem tollen Panorama-Zug besticht (Gesamtfahrzeit: ca. 60 Min., Gesamtfahrpreis: 960 ¥)

★**20 Tempel Kurama-dera,** Kurama Honmachi 1074, Sakyō-ku, geöffnet: tägl. 9–16.30 Uhr, Eintritt: 300 ¥

★**21 Schrein Kifune-jinja,** 180 Kuramakibune-chō, Sakyō-ku, Tel. 075 7412016, geöffnet: tägl. 6–20, Dez.–April bis 18 Uhr, Eintritt frei

KYOTO ERLEBEN

001ky-ld

Kyoto für Kunst- und Museumsfreunde

Das Museumsangebot der alten Kaiserstadt ist, wie es sich für eine Metropole mit einer solch reichen Kultur und langen Historie gehört, sehr breit gefächert. Jedoch sind die Erläuterungen für Besucher, die des Japanischen nicht mächtig sind, teilweise eher bescheiden.

Museen

24 Gekkeikan Okura Sake Museum, 247 Minamihama-chō, Fushimi-ku, Tel. 075 6232056, www.gekkeikan.co.jp/english/index.html, geöffnet: tägl. 9.30–16.30 Uhr, Eintritt: 400 ¥, Kinder 12–17 Jahre 100 ¥, Keihan-Linie bis Fushimi-Momoyama oder Kintetsu-Linie bis Momoyamagoryo-mae, ab dort jeweils 10–12 Min. zu Fuß. Freunde des traditionellen japanischen Reisweins, der im Westen als *Sake,* in Japan selbst jedoch als *Nihonchu* bekannt ist, sollten dieses Museum nicht verpassen. Das Museumsgebäude beherbergte bis 1982 eine der ältesten Sake-Brauereien Fushimis und wurde im Anschluss in ein Museum umgewandelt. Inkl. Sake-Verkostung und angeschlossenem Museumsshop.

25 [F3] **Kyoto City Kyocera Museum of Art,** 124 Okazaki Enshojichō, Sakyō-ku, Tel. 075 7714107, http://kyotocity-kyocera.museum/en, geöffnet: Di.–So. 9–17 Uhr, Eintritt frei, aber meist kostenpflichtige Sonderausstellungen (500–1500 ¥, Infos vor Ort), U-Bahn (Tōzai-Linie) bis Haltestelle Higashiyama, von dort 5 Min. zu Fuß. Aktuell ist das imposante Kunstmuseum, das 1933 erstmalig seine Tore öffnete, einer **grundlegenden Renovierung** unterworfen, aber wechselnde Gebäudeteile sind bis zum geplanten Abschluss der Arbeiten im Frühling 2020 zugänglich. Der Schwerpunkt der hauseigenen Sammlung umfasst japanische Kunst des 20. Jh., wobei die größten Besucherströme bei temporären Ausstellungen westlicher Künstler verzeichnet werden.

Vorseite: Kimono und Kirschblüte – japanische Ästhetik in Reinform

26 [C3] **Kyoto International Manga Museum,** Karasuma Oike, Nakagyō-ku, Tel. 075 2547414, www.kyotomm.jp/en, geöffnet: Do.–Di. 10–18 Uhr, Eintritt: 800 ¥ (bei Sonderausstellungen mehr), direkt an der U-Bahn-Station Karasuma-Oike gelegen (Karasuma-Linie). Die 300.000 Mangahefte des Museums werden alljährlich von ca. 300.000 Gästen besucht! Insgesamt ähnelt das Museum eher einer gigantischen Manga-Bibliothek, denn einem Museum. Ruhezonen laden zum Lesen und Schmökern ein, wobei die Abteilung der nicht japanischen Hefte übersichtlich ist. Im angeschlossenen Manga-Shop kann man einschlägige Souvenirs erstehen. Tipps zum Erwerb japanischer Comics: s. S. 73.

27 [D6] **Kyoto National Museum,** 527 Chaya-chō, Higashiyama-ku, www.kyohaku.go.jp/eng/index.html, geöffnet: Di.–So. 9.30–17, Fr./Sa. bis 20 Uhr, Eintritt: 520 ¥ (Sonderausstellungen kosten extra), Buslinien 206 und 208 ab Kyoto Station bis Hakubutsukan Sanjūsangendō-mae oder Keihan-Linie bis Shichijō Station, von dort 6 Min. zu Fuß. Das Kyotoer Nationalmuseum zählt zu den vier bedeutendsten des Landes. Die drei weiteren Nationalmuseen befinden sich in Tokyo, Nara und Fukuoka. Das Museum besteht aus zwei Hauptgebäuden: der denkmalgeschützen Meiji-Kotokan-Halle aus roten Ziegelsteinen (1895), die nur noch für Spezialausstellungen geöffnet wird, und dem moder-

031ky-ld

nen, 2014 eingeweihten Heisei-Chishinkan-Flügel des weltberühmten Architekten Yoshio Taniguchi. Hier finden sich die Exponate der Museumssammlung, die das gesamte Spektrum japanischer Kunst- und Kulturhistorie aus der grauen Vorzeit bis in das 20. Jh. abdecken. Mit etwas Glück trifft man den Tiger Torarin, der sich als Museumsmaskottchen gern mit Gästen auf Erinnerungsfotos verewigen lässt.

EXTRAINFO

Öffnungszeiten an Feiertagen

Eine Sonderregel, die fast alle japanischen Museen praktizieren, betrifft die **nationalen Feiertage** (s. S. 80): Fällt der **reguläre Schließtag** auf einen, öffnet das Museum trotzdem seine Türen. Dafür ist dann der **darauffolgende Tag** geschlossen.

28 [A7] **Kyoto Railway Museum,** Kankijichō, Shimogyō-ku, www.kyotorailwaymuseum.jp/en, geöffnet: Do.–Di. 10–17.30 Uhr, Eintritt: 1200 ¥, Kinder ab 3 Jahren 200 ¥, ab 17 Uhr freier Eintritt, Buslinien 86, 88, 103, 104 und 110 bis Haltestelle Umekoji-koen/Kyoto Railway Museum-mae oder ab Kyoto Station 20 Minuten zu Fuß. Das moderne Eisenbahnmuseum Kyotos, 2016 eröffnet, ist bei Kindern wie Erwachsenen gleichermaßen beliebt. Auf drei Stockwerken und in einem historischen Ringlokschuppen wird die Geschichte der japanischen Eisenbahn detailliert nachgezeichnet. Höhepunkt der Ausstellung sind die insgesamt 53 Lokomotiven, die hier im Eins-a-Originalzustand zu bewundern sind. Alleine im Ringlokschuppen parken 15 Dampflokomotiven aus den Anfangsjahren des Schienenverkehrs, aber auch ein moderner Shinkansen der 500er-Serie ist zu besichtigen.

29 [B1] **Nishijin Textile Center,** Horikawa-dori Imadegawa, Minamiiri Nishigawa, Kamikyo-ku, Tel. 075 4519231, http://nishijin.or.jp/eng, geöffnet: März–Okt. tägl. 10–18, Nov.–Feb. tägl. 10–17 Uhr, Eintritt frei, U-Bahn (Karasuma-Linie) bis Haltestelle Imadegawa, von dort 10 Min. zu Fuß. Kimonofans und Seidenliebhaber sollten hier definitiv einen Stopp einlegen. Das Textilzentrum wird vom Verband der japanischen

Museum und Maskottchen: das Kyoto National Museum

Kimonohersteller betrieben und ist eine Mischung aus Museum und Kaufhaus. Historische Kimonos werden hier festlich ausgestellt, man kann Textil-Handwerkern bei der Fertigung über die Schulter schauen oder Seidenraupen „bei ihrer Arbeit" beobachten. Die regelmäßigen Kimono-Modenschauen sind bei Japanerinnen ausgesprochen populär. Und natürlich gibt es hier viele Möglichkeiten, Kimonos – neu oder getragen – zu erstehen.

30 [C4] **Samurai & Ninja Museum,** Teramachi Utanokoji Bldg. (2. Etage), 292 Higashi Daimonjichō, Nakagyō-ku, Tel. 075 5855410, https://mai-ko.com/samurai, geöffnet: tägl. 10–20 Uhr, Eintritt: ab 2400 ¥ (aufwendige Kurse deutlich teurer, Onlinebuchung günstiger als an der Kasse). Klein, aber oho! Trotz der übersichtlichen Größe des Museums gewinnt man hier einen tollen Einblick in die kriegerische Welt der Samurai und Ninjas. Authentische Samurai-Rüstungen und historische Katana, die berühmten Langschwerter der Samurai, lassen sich bestaunen und wer Lust hat, kann sich sogar wie ein Krieger der Edo-Zeit verkleiden. Zusätzlich werden Kurse und Paketangebote wie Schwerttraining mit einem echten Meister der Kampfkunst, Kampfsternewerfen oder Erkundungstouren durch Kyoto auf den Spuren der Samurai angeboten. Englische Infotafeln und englischsprachige Guides runden das Angebot ab.

31 [C4] **The Museum of Kyoto,** Sanjo-Takakura, Nakagyō-ku, Tel. 075 2220888, www.bunpaku.or.jp/en, geöffnet: Di.–So. 10–19.30 Uhr, Eintritt: 500 ¥ (Spezialausstellungen kosten zusätzlich, s. Homepage), U-Bahn (Karasuma-Linie) bis Karasuma-Oike, von dort 2 Min. zu Fuß. Auch wenn das Stadtmuseum nicht zu den großen Publikumsrennern zählt, gewinnt man doch einen guten Einblick in die Stadtgeschichte. Die Ausstellung logiert im 2. Stock in einem schönen Backsteingebäude, einer früheren Filiale der Japanischen Nationalbank, die Anfang des 20. Jh. errichtet wurde. Leider sind die Erläuterungen auf Englisch relativ spärlich. Das EG füllt der Nachbau einer Kyotoer Gasse der Edo-Zeit, in der diverse Geschäfte Andenken und Souvenirs feilbieten.

32 [E3] **The National Museum of Modern Art Kyoto (MoMAK),** 26–1 Okazaki Enshoji-chō, Sakyō-ku, Tel. 075 7614111, www.momak.go.jp/English, geöffnet: Di.–So. 9.30–17, Fr./Sa. bis 20 Uhr, Eintritt: 430 ¥ (Fr./Sa. ab 17 Uhr nur 220 ¥, Spezialausstellungen kosten zusätzlich), U-Bahn (Tōzai-Linie) bis Higashiyama, von hier 5 Min. zu Fuß. Absolut empfehlenswert sind die Sonderausstellungen, von denen jährlich sechs bis acht präsentiert werden und die sich sowohl auf asiatische wie auch westliche Schwerpunkte konzentrieren. Auch wenn die Sammlung auf Werke großer Kunstschaffender wie Chagall, Ernst, Kandinsky oder Hockney verweisen kann, so sind doch immer nur wenige dieser Bilder für die Allgemeinheit zu bewundern.

Kunstgalerien

› **Dohjidai Gallery,** gleiches Gebäude wie Gear Theatre (s. S. 69), Tel. 075 2566155, www.dohjidai.com, geöffnet: Di.–So. 12–19 Uhr. Zeitgenössische Kunst japanischer Prägung in einem faszinierenden Art-déco-Gebäude aus dem Jahr 1928, das früher mal die Redaktion der Tageszeitung Mainichi beherbergte. Mit angeschlossenem Café.

33 [B3] **Gallery G-77,** 73–3 Nakanochō, Chuo-ku, Tel. 090 94192326, www.g77gallery.com, geöffnet: Di.–Sa. 14.30–19 Uhr, U-Bahn (Karasuma-Linie) bis Haltestelle Maruatamachi, direkt an der Station gelegen. Kleine, aber feine Galerie, die in einem alten Kyotoer Stadthaus logiert. Ein Schwerpunkt liegt auf den künstlerischen Beziehungen zwischen Japan und Russland.

34 [B4] **Kyoto Art Center,** 546-2 Yamabushiyama-chō, Nakagyō-ku, Tel. 075 2131000, www.kac.or.jp, geöffnet: tägl. 10–20, Café bis 21.30 Uhr, Eintritt frei. Das Art Center, in einer vormaligen Grundschule beheimatet, ist eine bunte Mischung aus Galerie, Bibliothek, Bühne und Café – fast jegliche Form der künstlerischen Präsentation ist hier präsent. Bei Sonderausstellungen oder Aufführungen wird ein kleiner Eintrittsobolus fällig.

Kyoto für Genießer

Essen und Trinken

Die japanische Küche ist in den letzten Jahrzehnten zu **Weltruf** gelangt, in jeder westlichen Großstadt buhlen heutzutage diverse „Japaner" um die Gäste. Dabei sind selbst als traditionell titulierte Gerichte oftmals ein Produkt der letzten 150 Jahre. Insbesondere der Konsum von **Fleisch** war in Japan über viele Jahrhunderte verboten oder stark eingeschränkt – erst mit der Meiji-Restauration im letzten Drittel des 19. Jh. kamen Fleischgerichte in Mode (und waren erlaubt!). Zuvor wurden fast ausschließlich **Gemüse, Fisch** und **Meeresfrüchte** zum allgegenwärtigen Reis gegessen. Ergänzt wurde die Speisekarte über Jahrhunderte durch Walfleisch, dessen Bedeutung heute fast auf null gesunken ist. In der Moderne werden Wale weitgehend aus politischen Gründen gefangen – kaum ein Japaner isst noch Walfleisch.

Als grundsätzliche **Maximen** sind die fettarme Küche, nur kurze Koch- bzw. Garzeiten oder aber der Rohverzehr und der minimale Einsatz von zusätzlichen Gewürzen beibehalten worden. Nicht zuletzt deshalb gilt der japanische Speiseplan bei Ernährungswissenschaftlern als ausgesprochen **gesund** – die **hohe Lebenserwartung** der Japaner ist auch darauf zurückzuführen.

Auch wenn das Essbesteck westlicher Prägung in Japan nicht unbekannt ist und z. B. stets zu Curry-Gerichten gereicht wird, sind **Essstäbchen** *(hashi)* das Maß aller Dinge. Wenn man damit jedoch nicht zurechtkommt, kann man jederzeit um Messer *(naifu)* und Gabel *(foku)* bitten.

032ky-ld

Beim Yakiniku (s. S. 59) grillt der hungrige Gast selbst

Typische Gerichte

Folgende Speisen gehören zu dem **breit gefächerten Kulinarik-Kanon** Japans:

- **Gyoza:** Was dem Schwaben seine Maultaschen sind, ist dem Japaner sein *gyoza:* kleine, meist längliche Teigtaschen, die mit Gemüse und/oder Fleisch gefüllt sind. Als Variante gibt es auch Gyoza mit Krabbenfüllung. Die oftmals großzügige Beigabe von Knoblauch sollte bei der weiteren Tagesplanung beachtet werden. *Yaki-gyoza,* die gebratene Variante, wird in Japan am häufigsten serviert und kann sowohl Beilage als auch Hauptgericht sein.
- **Kaiseki:** Eine der feinsten Speisen des Landes, wobei es zumeist 8–10 Einzelgerichte sind, die nacheinander aufgetischt werden. Das ausgewählte Ensemble lokaler und saisonaler Köstlichkeiten, oft in kleinen Tonschälchen oder auf Lackbrettchen serviert, soll zugleich als Schmaus für das Auge und den Gaumen dienen. Kaiseki wird in exklusiven Restaurants und Ryokans offeriert und ist eher hochpreisig.

033ky-ld

- **Okonomiyaki:** International wird dieses Gericht gerne als japanischer Pfannkuchen oder japanische Pizza beworben – beide Vergleiche hinken jedoch. Vielmehr ist *okonomiyaki* ein dicker Fladen aus Kohl, Sojasprossen, Bauchfleisch, Nudeln und Ei, der mit weiteren Zutaten wie Meeresfrüchten oder Kimchi verfeinert werden kann. Vor den Augen des Gastes wird er auf einer heißen Platte gebraten, am Ende mit einer süßsauer-würzigen Soße bestrichen und mit Algenpulver bestreut. Klingt komisch? Schmeckt aber vorzüglich.
- **Ramen:** Ramen ist ein perfektes Beispiel dafür, wie die Japaner auf Basis eigentlich ausländischer Gerichte ihre eigenen Kreationen entwerfen. Die Nudelsuppe kam mit chinesischen Einwanderern in der zweiten Hälfte des 19. Jh. nach Japan und wurde schnell ein Verkaufsrenner bei einfachen Arbeitern. Sie besitzt eine Basis aus Soja-, Miso-, Fisch- oder Schweinebrühe und wird durch Zugabe von Nudeln, am besten sind frische Weizenmehlnudeln, zur sättigenden Suppe. Je nach Landesteil oder Präferenz wird Ramen durch Gemüse, Lauchzwiebeln, Schweinefleisch, Meeresfrüchte, Ei, Pilze, Kräuter oder andere Zutaten verfeinert.
- **Sashimi:** Im Gegensatz zu Sushi wird Sashimi ohne Reis serviert. Feine Fischfilets, aus Gesundheitsgründen fast ausschließlich Meerestiere, werden in dünne Scheibchen geschnitten, liebevoll auf einem Teller drapiert und zusammen mit Sojasoße und Wasabi verspeist. In Europa weitgehend unbekannt, müssen es beim Sashimi nicht immer Fischfilets sein: In Kumamoto, auf der Insel Kyushu gelegen, ist Pferdefleisch-Sashimi eine Spezialität.

Kugelfisch („fugu") ist eine ebenso edle wie teure Delikatesse

- **Shabu shabu:** Traditionell wird hauchdünn geschnittenes Rindfleisch kurz in einen Topf mit heißer Brühe gehalten und vor dem Verzehr in eine Dip-Soße getaucht. Auch andere Fleischsorten eignen sich, werden aber von kulinarischen Puristen abgelehnt. Gemüse und Pilze werden ebenfalls kurz in der Brühe erhitzt und zusammen mit Reis verspeist. Nach dem Genuss des Fleisches werden häufig Nudeln in die Brühe gegeben, um mit der Nudelsuppe auch die letzten hungrigen Mäuler zu füllen.
- **Sukiyaki:** *Sukiyaki* ist der Eintopf der Japaner: Fleisch (meist Rind), Gemüse, Pilze, Tofu und Nudeln werden zusammen in einem Topf geköchelt, der sich auf einem Gaskocher auf dem Esstisch befindet, und dann direkt gegessen. Die Reihenfolge der hinzugefügten Ingredienzen variiert je nach Landesteil. Während in Tokyo alles zusammen in den Topf kommt, wird in Kyoto erst das Fleisch, dann Sojasoße, Zucker und Sake hinzugegeben. Als Letztes folgt das Gemüse. Rohes, verquirltes Ei ist als Dip sehr populär.
- **Sushi:** Seit einigen Jahren ist Sushi eine weltweit bekannte und verbreitete Speise und vermutlich der größte japanische Exporterfolg jenseits der Elektro- und Autoindustrie. Bei den lokalen Sushi-Restaurants gibt es zwei Hauptvarianten: Entweder sitzt man am Tisch und bestellt oder an der Esstheke fahren diverse Sushisorten auf kleinen Tellern an einem vorbei und man bedient sich nach eigenem Gusto: *kaiten-sushi* oder auf Deutsch „Fließband-Sushi". Die Rechnung wird dann anhand der leeren, aufeinander gestapelten Teller erstellt.
- **Tako Yaki:** Die Currywurst der Kansai-Region heißt *Tako Yaki* (auch *takoyaki oder tako-yaki*). Das sind kleine, runde Bällchen aus Pfannkuchenteig, die mit Oktopusstücken gefüllt sind und in Spezialpfannen mit kreisförmigen Ausbuchtungen zubereitet werden. Als Topping werden eine süß-saure Soße, ähnlich der Worcestersoße, Bonito-Fischflocken, Algenpulver und Mayonnaise verwendet. Das Innere der Bällchen, die mit Zahnstochern als Esswerkzeug serviert werden, ist sehr lange sehr heiß – viele Hungrige verbrennen sich beim Essen die Zunge oder den Gaumen.
- **Tempura:** Diese Speiseform ist gewiss nicht der Grund, warum die meisten Japaner so schlank sind: Fische, Meeresfrüchte und allerlei Gemüsesorten werden in Reismehlteig gewälzt und anschließend frittiert. Als Hauptmahlzeit wird *tempura* mit Reis oder Nudeln serviert, ist aber auch in der Kneipe als Snack zum Bier populär.
- **Yakiniku:** Ende des 19. Jh. fand das Fleischgericht seinen Weg auf die japanischen Inseln. Und wer hats erfunden? Die Koreaner, jedoch unter dem Namen *bulgogi*. Elementarer Bestandteil der Zubereitung ist ein mit Holzkohle oder Gas betriebener Tischgrill, auf dem die Umsitzenden das rohe Fleisch (zumeist Rind) und Gemüse grillen. Unterschiedlich gewürzte Sojasoßen runden als Tunke das kulinarische Erlebnis ab. Innereien als Grillgut sind ebenfalls sehr populär, bei Ausländern stoßen sie jedoch häufig auf Skepsis.
- **Yakitori:** Gegrillte Fleisch- oder Gemüsespieße sind in Japan allgegenwärtig, wobei die vegetarische Variante deutlich seltener ist. *Yakitori* wird in Restaurants, Izakayas oder von Garküchen auf der Straße angeboten. Traditionell bestehen die Spieße aus Hühnchenfleisch und werden auf einem Holzkohlegrill zubereitet. Dabei kann das Fleisch mariniert oder unbehandelt sein, wird jedoch in der Regel vor dem Verzehr in eine Soße getunkt. Wer es schärfer mag, der wählt den Hühnchenspieß mit Wasabi. Gewöhnungsbedürftig sind die Spieße mit Knorpel, Hühnerhaut oder Innereien.

Durstig in Japan

Sie springen jedem Besucher Japans ins Auge: die allgegenwärtigen **Getränkeautomaten,** die man an fast jeder Ecke, vor Geschäften oder in Hauseingängen findet. Rund um die Uhr erhält man hier für 100–150 ¥ Flaschenwasser und alkoholfreie Getränke jeglicher Couleur. Beliebt ist auch der **Dosenkaffee,** der – schwarz oder weiß, gesüßt oder ungesüßt, warm oder kalt – nach dem Geldeinwurf aus dem Automaten plumpst. Während tagsüber oft grüner Tee oder Kaffee getrunken wird, sind es abends doch eher die alkoholischen Getränke.

Ausgesprochen beliebt in Japan ist **Bier,** vor allem die lokalen Gerstensäfte aus den Häusern Asahi, Kirin, Suntory oder Sapporo. Ausländische Biersorten findet man ausgesprochen selten.

Gern verköstigt wird auch **Sake,** der berühmte japanische Reiswein, der mit 15–20 Volumenprozent Alkohol deutlich „gefährlicher" als westlicher Wein auf Traubenbasis ist. Die unterschiedlichen Qualitätsstufen kann sicherlich nur der echte Connaisseur herausschmecken, aber auch für neugierige Erstkonsumenten gilt: Nur bei der Bestellung von **Nihonshu** erhält man Reiswein. Bittet man um Sake, wird man auf Unverständnis stoßen, da Sake in Japan nur ein Oberbegriff für alkoholische Getränke im Allgemeinen ist.

Gastro- und Nightlife-Areale

Bläulich hervorgehobene Bereiche in den Karten kennzeichnen Gebiete mit einem dichten Angebot an Restaurants, Bars, Klubs, Discos etc.

Besonderheiten im Lokal

Beim Besuch eines **Restaurants** begegnet man immer wieder der unvermeidbaren Sprachbarriere, bei der Speisenauswahl gibt es aber häufig Abhilfe: Viele Gastronomen haben in der Auslage oder im Schaufenster erstklassige **Plastiknachbildungen** der offerierten Speisen. Durch einfaches Draufzeigen kann man so das Gewünschte auswählen. Alternativ sind die Speisekarten häufig mit **bun-**

034ky-ld

ten Fotos versehen oder es gibt, insbesondere in Kyoto mit seinen vielen ausländischen Touristen, englischsprachige Speisekarten, die das Bestellen erleichtern.

Der technologische Fortschritt macht auch vor der Gastronomie nicht halt. In zunehmendem Maße erhält man als Kunde ein elektronisches **Tablet** in die Hand gedrückt, wählt anhand der **digitalen Speisekarte** aus und sendet die Bestellung schnurlos direkt in die Küche.

In Mitteleuropa unbekannt sind die **280-¥-Bars** (oder die verwandten 260- oder 300-¥-Bars). Jedes Gericht und jedes Getränk kostet hier 280 ¥ (plus 8 % Mehrwertsteuer). Die Speisen sind natürlich kleiner proportioniert, aber das Ganze hat den Vorteil, dass man gleichzeitig viele unterschiedliche Gerichte ausprobieren kann.

Die berühmt-berüchtigte Trinkgeldfrage stellt sich im Land der aufgehenden Sonne nicht: Es gibt generell **kein Trinkgeld!** Das Prinzip ist unbekannt und egal, wo man sein Portemonnaie zückt, man erhält sein Wechselgeld immer exakt auf den Yen genau ausgezahlt.

Hervorhebenswerte Lokale

Restaurants und Izakayas

Wer sich auf den weiten Weg nach Kyoto macht, der will vermutlich nicht in westlichen Restaurants bereits bekannte Speisen zu sich nehmen, sondern die typisch japanischen Gaumenfreuden erleben. Allgegenwärtig sind die typischen **Izakayas**, das japanische Pendant zur deutschen Kneipe, in denen (alkoholische) Getränke und zumeist einheimische Speisen serviert werden. Folgende lokale Restaurants sind definitiv einen Besuch wert:

Preiskategorien

Die Preise gelten jeweils für ein Hauptgericht ohne Getränk.

¥	bis 1000 ¥ (ca. 8 €)
¥¥	1000–2500 ¥ (ca. 8–20 €)
¥¥¥	über 2500 ¥ (über 20 €)

35 [D5] **Aje Kiyamachi Donguri** ¥¥, 144-3 Tennochō, Shimogyō-ku, Tel. 075 3712727, geöffnet: tägl. 18–24, Sa./So. ab 17 Uhr. Die Inneneinrichtung betont eher das funktionale Element und ist dezidiert schlicht. Aber nicht täuschen lassen: Besonders Einheimische essen gerne in diesem Yakiniku-Restaurant (Grilllokal) und nicht selten muss man sich vor dem Eingang in eine Warteschlange einreihen. Englische Speisekarte vorhanden.

36 [D4] **Chojiro Shijo Kiyamachi** ¥¥, 103-2 Hashimotochō, Shimogyō-ku, Tel. 075 7082037, www.chojiro.jp/global, geöffnet: tägl. 11.30–23.30 Uhr (wochentags mit Pause 15–17 Uhr). Dieses Sushi-Restaurant im Herzen der Stadt bietet ein erstklassiges Preis-Leistungs-Verhältnis, was sich nicht zuletzt an der häufigen Warteschlange vor der Eingangstür zeigt. Am zentralen Tresen gibt es Fließband-Sushi, das man sich einfach greift. An Tischen bestellt man digital per Tablet (auch auf Englisch).

37 [C4] **Genzou** ¥, 167 Higashiuoyachō, Nakagyō-ku, Tel. 075 2561511, www.nisiki-genzou.com, geöffnet: Mo.–Sa. 11–22 Uhr. Das Genzou befindet sich direkt an einer Ecke des Nishiki-Marktes und ist von außen gut an dem riesigen, weißen Lampion zu erkennen. Uriger Laden, in dem der Schwerpunkt auf

Beim Fließband-Sushi (kaiten-sushi) treffen sich Japaner aller Schichten und Einkommensklassen

035ky-ld

diversen Nudelsuppen-Varianten liegt, aber auch *gyoza* (gefüllte Teigtaschen) oder frittiertes Hähnchen findet man auf der auch auf Englisch verfügbaren Speisekarte. Breites Spirituosenangebot mit diversen Sake-Sorten.

38 [D4] **Gyoza Chao Chao** ¥¥, 117 Ishiyachō, Nakagyō-ku, Tel. 075 2510056, geöffnet: Mo.-Fr. 17-2, Sa. 14-2, So. 14-24 Uhr. Eines der beliebtesten Gyoza-Lokale der Stadt, deswegen sollte man etwas Wartezeit einplanen oder außerhalb der abendlichen Stoßzeiten kommen. Breites Angebot unterschiedlicher *gyoza* inkl. vegetarischer Optionen, die alle vorzüglich munden. Wer sich einmal durchs Sortiment probieren möchte, dem sei das gemischte *set menu* empfohlen.

39 [B3] **Gyoza no Osho Karasuma-Oike** ¥, 430 Tatsuikechō, Nakagyō-ku, Tel. 075 2510177, www.ohsho.co.jp/english, geöffnet: Mo.-Sa. 11-24, So. 11-22 Uhr. Preiswerte, kleine Gerichte chinesischer Prägung werden hier aufgetischt. Die Spezialität in dem Restaurant mit fast skandinavisch anmutendem Interieur sind jedoch *gyoza*. Viele Gerichte auch zum Mitnehmen.

40 [D4] **Ichi-Rin** ¥¥-¥¥¥, 114 Tominagachō, Higashiyama-ku, Tel. 075 5617000, geöffnet: Mo.-Sa. 11.30-14.30 und 17-23 Uhr. Eine typische Izakaya, die stolz auf ihre feine Küche ist: Ob Sushi, Sashimi oder Rind vom Holzkohlegrill – alles wird frisch zubereitet. Neben Bier werden auch rund ein Dutzend Sake-Sorten angeboten. Tagesüber preiswerte Angebote, abends dann mittleres Preisniveau.

› **Kyoto Ramen Koji** ¥, 10. Etage der Kyoto Station **1**, Westflügel, www.kyoto-ramen-koji.com/english/index.html, geöffnet: tägl. 11-22 Uhr. Wer die vielen Facetten der japanischen Ramen-Kultur probieren möchte, der sollte die „Kyoto-Ramen-Straße" aufsuchen: Insgesamt neun unterschiedliche Restaurants bieten von Sapporo- bis Fukuoka-Ramen das gesamte Spektrum an. Bezahlung und Bestellung erfolgt über Automaten im Eingangsbereich.

41 [A2] **Menbaka – Feuer-Ramen** ¥¥, 757-2 Minamiiseyachō, Kamigyo-ku, Tel. 075 8125818, www.fireramen.com/menbaka, geöffnet: tägl. 11.30-23 Uhr. „No ramen – no life" lautet das Motto dieses ganz besonderen Ramen-Ladens. Serviert wird die wahrlich heiße Suppe mit einem Feuerspektakel: Alle Gäste erhalten Schürzen und Besucher mit langen Haaren sogar ein Haarband, um ihre Frisur vor den Flammen zu schützen. Etwas teurer als normale Ramen-Restaurants.

42 [D4] **Ogami** ¥¥¥, Sakata Bldg., 88 Sueyoshichō-dori, Nawate-higashi-iru, Higashiyama-ku, Tel. 075 5331611, geöffnet: Fr.-Mi. 11.30-12.30 und 17-19.30 Uhr. Die kunstvolle Kaiseki-Küche (s. S. 58) wird hier erstklassig und mit Liebe zum optischen wie auch kulinarischen Detail zelebriert.

Köstlich: Udon-Nudelsuppe mit Schweinefleisch und Curry

Für das abendliche Menü sollte man ca. 12.000 ¥ (ca. 100 €) einkalkulieren, mittags ist es jedoch für weniger als die Hälfte als Lunch-Angebot erhältlich. Reservierung notwendig.

43 [C7] **Pound Kyoto Ekimae** ¥¥¥, 185-1 Higashi Sakaichō, Shimogyō-ku, Tel. 075 7088929, www.ts-corp.co.jp/shop/yp-kyotoekimae, geöffnet: tägl. 11.30-14.30 und 17-24 Uhr. Hier wendet der Gast das hochwertige Rindfleisch auf dem Grill. Eine gemütliche Atmosphäre und freundliche Bedienung runden das kulinarische Erlebnis ab, das jedoch auch seinen Preis hat.

44 [C4] **Sumibi Torito** ¥¥, Karasuma Nishiki Bldg., 683 Motohonenji-chō, Najagyo-ku, Tel. 075 2113750, http://sumibi-torito.jp, geöffnet: tägl. 17-24 Uhr. In der gemütlichen Izakaya kann man dem Chefgrillmeister direkt bei der Arbeit zusehen, wenn er die Yakitori-Spieße über dem Holzkohlefeuer wendet. Viele Varianten des berühmten Hühnerfleisch-Gerichts und kühles Bier vom Fass erhältlich.

45 [D4] **Torikizoku** ¥, 109 Hashimotochō, 5. OG, Shimogyō-ku, Tel. 075 2568338, www.torikizoku.co.jp/shops/detail/93, geöffnet: tägl. 17-1 Uhr. Diese Torikizoku-Filiale liegt etwas versteckt in der 5. Etage, aber der Fahrstuhl fährt direkt von der Straße ins Lokal. Das hölzerne Interieur spricht ein eher junges Publikum an, am Wochenende ist es oft sehr voll. Das Prinzip der 280-¥-Bar findet hier Anwendung: Jedes Gericht und Getränk kostet 280 ¥ (plus 8 % MwSt.) und auf den Tischen stapeln sich die kleinen Teller. Bestellung per Tablet oder man ruft den Kellner mit der Tischklingel herbei.

46 [D4] **Umayaro** ¥¥¥, 368-1 Nishikamiyachō, Nakagyō-ku, Tel. 050 34694017, https://umayarou.gorp.jp, geöffnet: Mo.-Do. 17-1, Fr./Sa. 17-3 Uhr (1. und 3. Mo. im Monat geschlossen). Im Umayaro gibt es Grillgerichte zum selbst Zubereiten, allerdings stammt das Fleisch hier vom Pferd. Auch für die Kyotoer ist das eher ungewöhnlich, da Pferdefleisch eine Spezialität aus Südjapan ist.

47 [dj] **Uogashi Sushi** ¥, in der Aeon Mall (s. S. 71), 4. Stock, Tel. 075 6922299, geöffnet: tägl. 11-22 Uhr. Leckeres, frisches Sushi in einem großzügigen Lokal, das nur fünf Gehminuten von der Kyoto Station entfernt ist. Entweder man setzt sich direkt an das Fließband oder an einen der Tische und bestellt dort sein Sushi individuell. Die Speisekarte gibt es auch auf Englisch und sie ist zusätzlich bebildert.

48 [C4] **Yataiya Karasuma** ¥, Inoue Bldg., 446-2 Sasayachō, Nakagyō-ku, Tel. 075 2236636, geöffnet: tägl. 11.30-23.30, So. bis 23 Uhr. Yataiya ist eine lokale Izakaya-Kette, die in Kyoto insgesamt sieben Filialen betreibt. Die rustikale Karasuma-Filiale erstreckt sich über zwei Etagen. Es wird typisch japanisches Kneipenessen wie Yakitori, Tempura oder Sashimi serviert. Die Atmosphäre ist lebendig bis laut, es gibt eine englischsprachige Speisekarte. Sonderaktion an jedem 8., 18. und 28. eines Monats: gezapftes Bier zum kleinen Preis.

EXTRATIPP

Ramen – selbst gemacht!

In der Ramen Factory wird der Kunde selbst aktiv und legt bei der Herstellung der frischen Nudeln mit Hand an. Drei unterschiedliche **Ramen-Kurse,** alle inkl. anschließender **Verkostung,** werden angeboten. Eine Reservierung wird empfohlen.

49 [ej] **Ramen Factory Kyoto** ¥¥¥, 15-814-18 Honmachi, Higashiyama-ku, Tel. 075 7481687, www.fireramen.com/ramenfactory, geöffnet: tägl. 11-18 Uhr, Kurse ab 3500 ¥

Cafés

50 [E5] **% Arabica Higashiyama,** 87-5 Hoshino-chō, Higashiyama-ku, Tel. 075 7463669, https://arabica.coffee/en/location/arabica-kyoto-higashiyama, geöffnet: tägl. 8-18 Uhr. Definitiv eines der besten und stilvollsten Cafés der Stadt, in dem einer der erfahrensten Barista Japans, Junichi Yamaguchi, persönlich Hand anlegt. Man kann sogar Kaffeebohnen aus verschiedenen Regionen der Welt auswählen, rösten lassen und mit nach Hause nehmen.

51 [C3] **Café & Pantry Matsunosuke,** 605 Kikkoyachō, Takakura-Oike Kudaru, Nakagyō-ku, Tel. 075 2531058, www.matsunosukepie.com, geöffnet: tägl. 10-20 Uhr. Wer zwischendrin mal Lust auf US-amerikanischen Apfel- oder Käsekuchen, auf Brownies oder Pancakes hat, der ist hier genau richtig.

52 [A1] **Café Rhinebeck,** 692 Ishiyakushi-chō, Agaru Nakadachiuri, Ōmiya Kamigyo-ku, Tel. 075 4511208, www.matsunosukepie.com, geöffnet: Mi.-So. 8-18 Uhr. Der Treffpunkt der Pfannkuchenfreunde Kyotos, untergebracht in einem historischen Stadthaus. Das Spektrum reicht von deftigen bis zu süßen Pfannkuchen - mal was anderes.

53 [D3] **Kashiya,** 270-3 Yoshinagachō, Sakyō-ku, Tel. 075 7085244, geöffnet: Di.-So. 11-19 Uhr. Im Gegensatz zum Gros der Cafés in Kyoto liegt hier der Fokus auf japanischen Süßspeisen, die dazu noch zauberhaft garniert sind. Mit schlichtem, minimalistischem Schick eingerichtet.

54 [D4] **Ogawa Coffee Sanjo,** 96-2 Nakajimachō, Sanjo Kawaramachi-dori Higashi-iru, Nakagyō-ku, Tel. 075 2517700, www.oc-ogawa.co.jp, geöffnet: tägl. 8-21, Fr./Sa. bis 22 Uhr. Ein wahres Allround-Café mit Softeis, Kuchen, Gebäck und Frühstücksmenü, das nicht nur aufgrund seiner zentralen Lage gut besucht ist.

55 [D4] **Otafuku Coffee,** im Corona Bldg., UG, 609 Teiannomae-chō, Teramachi Shijō-sagaru, Shimogyō-ku, Tel. 075 2566788, geöffnet: tägl. 10-21 Uhr (jeden 15. des Monats geschl.). Absolut uriges Retrocafé, das mit authentischem Charme punktet und nichts mit den globalen Caféketten gemein hat. Eingang etwas versteckt, Treppen ins Souterrain unter einem ehemals weißen Baldachin.

56 [ek] **Vermillion Espresso Bar,** 85 Onmaechō, Inari Fukakusa, Fushimi-ku, www.vermillioncafe.com, geöffnet: tägl. 9-17 Uhr. Perfekter Stopp vor oder nach dem Besuch des Tempels Fushimi Inari-Taisha, entweder nur auf einen ausgezeichneten Espresso oder für den kleinen Hunger. Bei schönem Wetter mit Bartischen auf dem Trottoir.

57 [D5] **Zen Café,** 570-210 Gion-Machi, Minamigawa, Higashiyama-ku, Tel. 075 5338686, www.kagizen.co.jp/store/#zencafe, geöffnet: Di.-So. 11-18 Uhr. Bereits die Inneneinrichtung bestätigt den Namen: keine ablenkende Dekoration, sondern pure, buddhistisch angehauchte Schlichtheit. Kaffee, Tee und Kuchen werden in traditionellem Tongeschirr serviert.

Food Courts bzw. Food Halls

In Kyoto, wie auch in ganz Japan, sind **Restaurant-Etagen,** die sogenannten Food Courts oder Food Halls, ausgesprochen populär. Sie sind zumeist in **Kaufhäusern** und **Shoppingmalls** untergebracht. Für den Gast ist das praktisch: Auf engstem Raum gibt es unterschiedlichste Restaurants und Cafés und jeder wählt nach seinem persönlichen Geschmack das Passende aus. Besonders zur Mittagszeit und nach Arbeitsschluss am frühen Abend sind die Food Courts sehr gut besucht, da sie eher im **unteren bis mittleren Preissegment** angesiedelt sind.

58 [D5] **Food Hall Marui** ¥, 7. und 8. Etage des Marui-Kaufhauses („0101“), 68 Shijō-dori Kawaramachi, Shimogyō-ku, https://foodhall.jp/index.html, geöffnet: tägl. 11–23 Uhr

- **Porta Dining** ¥, Kyoto Station **1**, UG, unter dem Busbahnhof nördlich der Station, www.porta.co.jp.e.sd.hp.transer.com, geöffnet: je nach Lokal variabel, meist tägl. 11–22 Uhr
- **Sando Food Hall** ¥, im Kyoto Tower **2**, Souterrain, www.kyoto-tower-sando.jp/en/shop/guide, geöffnet: tägl. 11–23 Uhr
- **The Cube Gourmet** ¥, Kyoto Station **1**, 11. Etage, http://en.thecube.jp, geöffnet: tägl. 11–22 Uhr
- Auch die Kaufhäuser **Daimaru, Takashimaya** und **Isetan** (s. S. 73) besitzen eine oder mehrere Restaurantetagen.

Smoker's Guide

Bis Anfang des Jahrhunderts waren die Japaner noch eine Nation von Rauchern, insbesondere der männliche Teil der Bevölkerung huldigte dem Glimmstängel intensiv. Doch die von Regierung, Kommunen und Gesundheitsbehörden initiierten Initiativen und Gesetzesnovellen zeigen ihre Wirkung: Der Anteil der Raucher an der Gesamtbevölkerung hat sich in den letzten 30 Jahren auf 18 % halbiert (2018). Jedoch gibt es bislang noch **kein landesweites Nichtraucherschutzgesetz,** was zu skurrilen Situationen führt. In Kyoto ist das Rauchen im gesamten Stadtgebiet verboten mit Ausnahme ausgewiesener **Raucherbereiche.** In der Gastronomie entscheidet jedoch der Besitzer über ein etwaiges Rauchverbot: In den meisten **Kneipen und Restaurants** wird deshalb **weiter gequalmt,** während es **auf der Straße vor dem Lokal verboten** ist. Jedoch soll am 1. April 2020 ein Gesundheitsgesetz in Kraft treten, das genau dieses verbieten soll. Es bleibt abzuwarten, ob die Tabaklobby diesbezüglich noch einmal ihre Muskeln spielen lässt.

Bento-Boxen, die in unzähligen Varianten angeboten werden, sind die ideale Mahlzeit zum Mitnehmen

036ky-ld

EXTRATIPPS

Nomihodai in der Izakaya

Für besonders durstige Gäste bieten viele Izakayas eine besondere Trinkoption: **Nomihodai** bedeutet, dass man innerhalb eines vorgegebenen Zeitrahmens so viele Getränke bestellen kann, wie man möchte. Die Regelung gilt für **alkoholische und nichtalkoholische Getränke** gleichermaßen, das Zeitlimit bewegt sich zwischen 90 und 120 Minuten. Preislich sollte man 1500–2000 ¥ (ca. 10–15 €) einplanen.

Edle Spezialität: Wagyu-Fleisch

Jeder, der sich mit japanischen Spezialitäten befasst, ist sicher schon einmal über den Ausdruck **Kobe-Rind** gestolpert. Der Begriff wird in Japan selbst kaum benutzt, da er sich ausschließlich auf Rinder aus Kobe bezieht, die edle **Rinderrasse Wagyu** wird aber auch in anderen Teilen des Landes gezüchtet. Das Besondere am Wagyu-Fleisch ist die **feine Marmorierung**, also die gleichmäßige Verteilung des Fettes im Muskelgewebe. Für solch ein Menü der Extraklasse sollte man mind. 60 € (7.500 ¥) einplanen, wobei die Preisspanne nach oben offen ist. Hier zwei Restaurantempfehlungen für Freunde des edlen Rindfleischs:

59 [D3] **Ginkakuji Onishi** ¥¥¥, 98-8 Enoki-chō, Teramachi-dori, Nijō-sagaru, Nakagyō-ku, Tel. 075 2130024, www.yakiniku-onishi.jp, geöffnet: Di.–So. 17–23 Uhr. Empfehlenswert sind die mehrgängigen Menüs. Unbedingt vorab buchen, einige Menüs erfordern sogar eine Reservierung 48 Stunden im Voraus.

60 [B4] **Matsusakagyu What's** ¥¥¥, 477 Eboshiyachō, Muromachi-dori, Sanjo-sagaru, Nakagyō-ku, Tel. 075 2222989, www.k-whats.net/docs/eng, geöffnet: Mi.–Mo. 17–23 Uhr. Hier werden feinste Menüs offeriert. Reservierung erforderlich.

Lecker vegetarisch

Obwohl der Buddhismus in Japan weit verbreitet ist und viele Gläubige sich von Pflanzenkost ernähren, hat der Vegetarismus in Japan keine überragende Bedeutung. Die **Smartphone-App HappyCow** hilft bei der Suche nach entsprechenden Lokalen. Dennoch ist das Angebot in Kyoto mehr als zufriedenstellend:

61 [D4] **Ain Soph. Journey** ¥¥, 538-6 Nakanochō, Nakagyō-ku, Tel. 075 2511876, http://ain-soph.jp/kyoto, geöffnet: tägl. 12–17 und 18–22 Uhr. Wundervoll angerichtete und schmackhafte vegetarische Speisen aus der ganzen Welt werden hier zubereitet. Köstlich sind auch die Nachspeisen, insbesondere die Pfannkuchen sollte man sich nicht entgehen lassen.

62 [D4] **Choice** ¥¥, 89-1 Sanjo-dori, Akashi-chō, Higashiyama-ku, Tel.

037ky-ld

075 7621233, https://hs-choice.com, geöffnet: Mo.-Fr. 8.30-15 und 17-20.30, Sa./So. 8.30-20.30 Uhr. Die Küche des Choice ist auf vegetarische, vegane und glutenfreie Speisen spezialisiert, wobei die Speisekarte auch westlich ausgerichtet und auf Englisch verfügbar ist. Ausgesprochen schmackhaftes Tofu-Kaiseki, allerdings nicht ganz preiswert.

63 [D3] **Tousuiro** ¥¥¥, 517-3 Kamiosakamachi, Sanjo Agaru Kiyamachi, Nakagyō-ku, Tel. 075 2511600, http://tousuiro.com, geöffnet: Mo.-Sa. 11.30-15 und 17-22, So. 11.45-15 und 17-21.30 Uhr. Sehr uriges, in einem traditionellen Stadthaus logierendes Tofu-Restaurant, das im Sommer sogar mit einer Außenterrasse mit Blick auf den Kamo-Fluss aufwartet.

Essen mit Aussicht

Typisch japanische Küche mit **Blick auf den Kamo-Fluss** bietet das Mimasuya Honten Pontocho im gleichnamigen Viertel 10. In den kühleren Monaten kann man den Ausblick durch die große Fensterfront genießen, im Sommer sitzt man unter freiem Himmel auf einer **hölzernen Terrasse** direkt am Fluss. Die Plätze mit Aussicht sind besonders populär, deshalb empfiehlt sich eine Reservierung. Teilweise werden im Freien nur Menü-Angebote offeriert.

64 [D4] **Mimasuya Honten Pontocho** ¥¥¥, 159-1 Matsumoto 4-chōme, Pontochō, Sanjo-sagaru, Tel. 075 2134445, https://mimasuya.owst.jp/en, geöffnet: tägl. 17-23.30, Mo.-Fr. auch 12-14 Uhr (preiswerter Lunch)

◁ *Frische Zutaten sind ein Kernelement der japanischen Küche*

Japanisches Fast Food

Selbstverständlich findet man auch in Kyoto die Ketten der bekannten US-amerikanischen Burger-Schmieden, aber die Japaner haben eine eigene Antwort darauf: **Gyudon.** Das sind Schalengerichte auf Reisbasis, die mit Rind- oder Schweinfleisch bedeckt werden, aber auch vegetarisch oder als Curryvariante erhältlich sind. Auf Wunsch lassen sie sich im Rahmen eines kleinen Menüs mit Salat, Miso-Suppe und Kimchi, dem populären, scharf eingelegten Kohl aus Korea, bestellen.

Vier große Ketten sind in Japan vertreten: **Sukiya, Yoshinoya, Matsuya und Nakau.** Die Imbisslokale haben meist **rund um die Uhr geöffnet.** Das Zentrum des Lokals stellt fast immer eine **Theke** dar, an der man sitzt und direkt bedient wird. Für kleinere Gruppen stehen häufig auch zusätzlich Tische in den Randbereichen. Man bestellt und zahlt sein Wunschgericht in der Regel am **Automaten,** den Papierschnipsel mit der Bestellung reicht man anschließend der Bedienung. Wenn kein Automat vorhanden ist, bestellt und zahlt man direkt bei den Angestellten hinter der Theke. Die **Preise** bewegen sich zwischen 400 und 800 ¥ (3-6 €). Hier eine Auswahl an zentral gelegenen Filialen der „Großen Vier":

65 [D4] **Matsuya Kawaramachi** ¥, 305 Narayachō, Nakagyō-ku, www.matsuyafoods.co.jp/english

66 [B7] **Nakau Shichijo Shinmachi** ¥, 721 Ebisunochō, Shimogyō-ku, www.nakau.co.jp/en

67 [C5] **Sukiya Shijo** ¥, 67 Tachiurinishimachi, Takakura Nishi-iru, Shijō-dori, Shimogyō-ku, www.sukiya.jp/en

68 [C5] **Yoshinoya** ¥, 59-2 Tachiuri Nishimachi, Shimogyō-ku, www.yoshinoya.com

038ky-ld

Bunte Lampions weisen den Weg zu Speis, Trank und Vergnügen

Kyoto am Abend

Auch wenn Kyoto in puncto **Nachtleben** nicht mit Tokyo oder Osaka konkurrieren kann, so gibt es doch einen großen Vorteil gegenüber den zwei Erstgenannten: Das Gros der Bars und Klubs befindet sich **konzentriert** in einem übersichtlichen Stadtviertel rechts und links der **Pontochō-Gasse** (Pontochō-Viertel ⑩) und der **Kiyamachi-dori** [C6–D4]. Dort kann man sich einfach treiben lassen und die teilweise winzigen Gassen erkunden. Alle paar Meter kommt man an einer Bar oder einem Restaurant vorbei. Ab und zu sollte man nach oben blicken, da sich die Lokale häufig in den oberen Etagen befinden.

Bars, Kneipen, Klubs

69 [E4] **Beer Komachi,** 444 Hachikenchō, Higashiyama-ku, Tel. 075 7466152, geöffnet: Mi.–Mo. 17–23, Sa./So. ab 15 Uhr. Das Beer Komachi ist ein Paradies für Freunde des Gerstensaftes. Dutzende Biersorten aus aller Welt inklusive diverser aus japanischen Brauereien werden offeriert. Ein besonderer Schwerpunkt liegt auf I.P.A. (India Pale Ale), ausgezeichnete Kneipengerichte runden das Erlebnis ab. Gemütliche Atmosphäre.

70 [D4] **Fishbowl,** Empire Bldg., 7. OG, Kiyamachi-dori, Sanjo Agaru, Nakagyō-ku, Tel. 075 2116387, www.bar-fishbowl.com, geöffnet: tägl. 19–3 Uhr. Eine winzige Bar mit 20 Sitzplätzen, wie sie für Japan so typisch ist. Hier kommt man ganz automatisch ins Gespräch mit anderen Gästen, die guten Gin-Cocktails sorgen zusätzlich für Geselligkeit.

71 [D4] **Hello Dolly,** 161–2 Pontochō-dori, Nakagyō-ku, Tel. 075 2411728, http://hellodolly.hannnari.com/index.html, geöffnet: tägl. 18–1 Uhr, Eintritt frei, am Wochenende und bei Livemusik Tischgebühr (ab 900 ¥ p. P.). Sehr urige Bar, die im eher rustikalen Stil eingerichtet ist. Regelmäßige Live-Auftritte verschiedener Jazz-Ensembles und edle Whiskeysorten sind Vorzüge der Bar.

72 [D4] **Irish Pub Wisteria,** 371 Kamiyachō, Nakagyō-ku, Tel. 075 7085756, geöffnet: Di.–So. 18–1 Uhr. Egal, ob einem nach Whiskey oder einem Pint Guinness mit *Fish and Chips* ist, im Wisteria steht alles auf der Karte, was man von einem Irish Pub erwartet. Internationales Publikum und englischsprachige Bedienung.

73 [E2] **Jazz Spot Yamatoya,** 25 Shogoin Sanno-chō, Sakyō-ku, Tel. 075 7617685, www.jazz-yamatoya.com, geöffnet: Do.–Di. 12–24 Uhr. Auch wenn im seit Jahrzehnten etablierten Yamatoya keine Live-Auftritte stattfinden, so schaffen die Vinyl-Platten mit internationalen Jazzklängen eine unnachahmliche Retro-Atmosphäre. Preisniveau erstaunlich moderat.

74 [D4] **Kitsune Kyoto,** Kiyamachi Bldg., 3. und 4. OG, 179 Zaimokuchō, Nakagyō-ku, Tel. 075 2550421, https://kitsune-kyoto.com, geöffnet: So.–Do. ab 22, Fr./Sa. ab 21 Uhr, Eintritt: je nach Uhrzeit und Tag 700–3000 ¥ (Frauen teilweise gratis). Wechselnde DJs und ein junges, studentisches Publikum, das sich auf zwei Etagen tummelt, sorgen für gute Unterhaltung.

75 [C5] **Man in the Moon (Karasuma),** Idzutsuinabadochō Bldg., 713 Inabadou-chō Takatsujisagaru, Karasuma-dori, Shimogyō-ku, Tel. 050 57980788, www.maninthemoonpub.com, geöffnet: Mo.–Fr. 17–1, Sa. 15–1, So. 15–24 Uhr. Pubs englischer oder irischer Provenienz sind in Japan ausgesprochen populär und stets gut besucht. Man in the Moon betreibt in Kyoto vier Kneipen, die alle mit diversen Fassbiersorten und über 50 Whiskeys aufwarten können. Auf TV-Bildschirmen laufen häufig die Fußballspiele der Premier League.

76 [D4] **Night Club Butterfly,** Forum Nishikiyamachi, UG, 67–3 Daikoku-chō, Nakagyō-ku, Tel. 075 2115025, http://butterfly-kyoto.com, geöffnet: Do.–So. 22–3 (Fr./Sa. bis 5 Uhr), Eintritt: 1000 ¥ (inkl. Freigetränk). Ausgesprochen lebendiger und trendiger Klub, der sich musikalisch zwischen Hip-Hop, R & B und Charts bewegt. Gleichermaßen beliebt bei Expats und Einheimischen. **Zurzeit (Stand: Juni 2019) wegen Renovierung geschlossen.**

77 [C3] **Takumiya Beer Pub,** 400–1 Oshikouji Higashibora-in Nishiiriru Funaya-chō, Nakagyō-ku, Tel. 075 7441675, https://savorjapan.com/0006054730, geöffnet: tägl. 16–24 Uhr. Craftbeer-Freunde aufgepasst: Im Takumiya werden zehn unterschiedliche Sorten vom Fass gezapft. Die kleinen Snacks, die man dazu bestellt, sind ebenso vorzüglich.

Theater und Konzerte

78 [C4] **Gear Theatre,** im Art Complex 1928, 56 Benkeiishichō, Nakagyō-ku, Tel. 075 2546520, www.gear.ac/en, Tickets: ab 4200 ¥ online oder an der Tageskasse (dann plus 500 ¥). Das Theater bietet eine faszinierende Show, eine kunterbunte Melange aus Magie, Artistik, Musik, Jonglage und Tanz, die alle Besucher verzaubert. Hier entfällt auch jegliche Sprachbarriere, da die nonverbalen Präsentationen in allen Kulturkreisen verstanden werden. Es gibt zwei tägliche Shows, eine (nach)mittags, die andere abends (Di./Do. geschlossen).

79 [E5] **Gion Corner (Yasaka Hall),** 570–2 Gionmachi Minamigawa, Higashiyama-ku, Tel. 075 5611119, www.kyoto-gioncorner.com, Keihan-Linie bis Gion-Shijō, von dort 5 Min. zu Fuß, oder Bus 206 bis Gion, Tickets: für ausländische Besucher ab 2500 ¥ an der Kasse. Insgesamt sieben verschiedene traditionellen Kunstformen – etwa Geisha-Tanz, *Bunraku* (Figurentheater) oder Konzerte mit der japanischen Zither *(koto)* – kann man hier beiwohnen (Dauer der Aufführungen: ca. 45 Min.).

80 [eg] **Kyoto Concert Hall,** 1–26 Hangichō, Shimogamo, Sakyō-ku, Tel. 075 7112980, www.kyotoconcerthall.org, direkt an der Kitayama Station (U-Bahn Karasuma-Linie), Tickets: online buchbar. Die Kyotoer Konzerthalle wurde 1995 zum 1200. Stadtjubiläum eröffnet und verfügt über zwei Säle mit 1800 und 500 Sitzen. Sie ist Heimstätte des Symphonieorchesters der Stadt, im Fokus stehen Klassik und Jazz.

81 [D4] **Minamiza Theatre,** 198 Nakanochō, Shijō-dori, Yamato-oji nishiiru, Higashiyama-ku. Tel. 075 5611155, www.kabukiweb.net/theatres/minamiza, direkt an der Gion-Shijō (Keihan-Linie), Tickets: ab 4000 ¥ am Schalter beim Haupteingang oder an den Automaten daneben. Eines der schönsten und ältesten Kabuki-Theater des Landes (gebaut 1929), das pro Aufführung bis zu 1100 Gäste beherbergt. Nach umfassender Renovierung wurde das Haus 2018 wiedereröffnet. Um die japanischen Stücke zu verstehen, kann man für 700 ¥ einen Audioguide auf Englisch mieten oder man lässt das skurrile Schauspiel einfach so auf sich wirken.

039ky-ld

82 [D4] **Pontocho Kaburenjo,** Pontochō-dori, Sanjo Sagaru, Nakagyō-ku, Tel. 075 2212025, www.kamogawa-odori.com, Keihan-Linie oder U-Bahn (Tōzai-Linie) bis Sanjo, von dort 3 Min. zu Fuß. Hier finden im Mai die Aufführungen *Kamogawa Odori* (s. S. 78) statt.

83 [D4] **Ran Theatre,** 583–2 Nakanochō, Nakagyō-ku, Tel. 070 38503020, www.rankyoto.com, Hankyu-Linie bis Kawaramachi, Konzerte jeden Mo., Mi., Fr. und Sa. 17.30 und 19.30 Uhr, Tickets: ab 4320 ¥, Konzertdauer: ca. 70 Min. Für Fans traditioneller japanischer Musik ist ein Besuch des Ran ein Muss: Ob *taiko* (Trommel), *koto* (Zither) oder *kokyu* (Saiteninstrument) – alle Instrumente werden von wahren Meistern gespielt.

84 [E4] **Samurai Kembu Theater,** 35–7 Sanchome, Higashiyama-ku (im Souterrain des Gozan Hotels), Tel. 075 7512033, www.samurai-kembu.jp, Keihan-Linie oder U-Bahn (Tōzai-Linie) bis Sanjo, Tickets: 3000 ¥ online oder an der Tageskasse. Neben Samurai-Schwertkampf-Kursen wird auch ein Showprogramm für Interessierte angeboten, die nicht aktiv „kämpfen" möchten. Die Meister des Schwertkampfes präsentieren ihre Künste tägl. um 17 Uhr (während der Kirschblüte und Weihnachten/Neujahr zusätzlich um 13 Uhr). Das Programm beinhaltet sogar eine anschließende Fotomöglichkeit.

Die Stadtviertel Pontochō 10 und Gion 14 gelten als Zentren der abendlichen Unterhaltung

Kyoto für Shoppingfans

In der Millionenmetropole Kyoto kann man praktisch alles kaufen, was man sich vorstellen kann – und teilweise sogar noch mehr. Rund um die beiden **Einkaufspassagen Teramachi und Shinkyogoku** 9 und entlang der **Shijō-dori** [A–D4] gibt es unzählige Geschäfte und Boutiquen. Auch der **Nishiki-Markt** 8 und die **Shōtengai Sanjo-kai** (s. S. 27) sind einen Besuch wert. Wer nach **typisch japanischen Produkten** sucht, wird bei den im Folgenden gelisteten Geschäften fündig.

040ky-ld

⊼ *Edel-Kimonos können schon mal eine vierstellige Eurosumme kosten*

Mode, Souvenirs, Originelles

85 [C4] **3 Coins,** 250 Shikibuchō, Nakagyō-ku, Tel. 075 2228731, www.3coins.jp, geöffnet: tägl. 11–20 Uhr. Die 3-Coins-Läden sind die Deluxe-Variante des 100-¥-Shops: Für 300 ¥ (plus MwSt.) erhält man hier einfache Textilien, lustige Gimmicks oder verspielte Alltagsgegenstände. Ideal für Mitbringsel und Souvenirs.

86 [dj] **Aeon Mall,** 1 Toriiguchichō, Nishikujo, Minami-ku, Tel. http://kyoto-aeonmall.com, geöffnet: tägl. 10–21 Uhr. Sehr verkehrsgünstig gelegenes Shoppingcenter für Besucher, die südlich der Kyoto Station logieren. Über 140 unterschiedliche Geschäfte und Restaurants unter zwei Dächern – die Mall besteht aus den Gebäuden Sakura und Kaede, die über eine Fußgängerbrücke verbunden sind.

87 [C4] **Daishodo,** Enpukujimae-chō, Nakagyō-ku, Tel. 075 2210685, geöffnet: Do.–Di. 11–19.30 Uhr. Vor allem die ausgestellten Plakate und historische Drucke aus vergangenen Epochen japanischer Geschichte sind ein echter Hingucker und machen sich auch Zuhause gut an der Wand.

88 [D4] **Hikeshi Spirit,** 541–1 Tenshojimaechō, Teramachi-dori Sanjo Agaru, Nakagyō-ku, Tel. 075 2221380, https://rescue99.com, geöffnet: tägl. 10–20 Uhr. Ganz im Geiste des Feuerwehrmanns, so der Name dieser Textilboutique, kann man sich hier einkleiden. Egal ob T-Shirt, Jacke oder Tasche: Die jungen Designer, die den kleinen Laden betreiben, setzen auf japanische Schriftzeichen und Logos, die zumeist eine Verbindung zum Feuerwehrwesen haben. Einzigartig, individuell und definitiv nicht in Europa zu finden.

89 [E2] **Tozando Shogoin,** Entomi, Shogoin, Sakyō-ku, Tel. 075 7621341, http://tozando-shogoin.com, geöffnet: tägl. 10–19 Uhr. Zum Verkauf stehen Ausrüstungen für japanische Kampfsportarten, Samurai-Rüstungen und hochwertige Schwerter.

Shoppingareale
Die wichtigsten Shoppingbereiche der Stadt sind im Kartenmaterial mit einer rötlichen Fläche markiert.

Kunsthandwerk und Töpferwaren

90 [E2] **Kyoto Handicraft Center,** 21 Shougoin Entomi-chō, Sakyō-ku, Tel. 075 7618001 u. Tel. 075 7610142 (für Kurse), www.kyotohandicraftcenter.com, geöffnet: tägl. 10–19 Uhr, Buslinien 31, 201, 203 und 206 bis Kumano-Jinja-mae. Wer auf der Suche nach klassisch japanischer Handwerkskunst ist, sollte dem Handwerkszentrum einen Besuch abstatten. Hochwertige (Alltags-) Kunst, oft von erfahrenen Handwerkern und Künstlern entworfen, wird zum Kauf angeboten. Das Spektrum ist groß: Postkarten, Bücher, Kalligrafie, Holzdrucke, Samurai-Schwerter, Geschirr und Keramik, Lackwaren, Skulpturen und Figuren, Origami, aber auch typische Japan-Souvenirs und T-Shirts sind im Angebot. Das Zentrum besteht aus einem Ostflügel mit drei Etagen und einem Westflügel mit Verkauf im Erdgeschoss. Zusätzlich kann man sein handwerkliches Geschick in neun Kursen testen. Aber egal, ob man Interesse am Farbholzschnitt, an der Bemalung von Fächern oder der Kreation von Weihrauchbeuteln hat, eine Reservierung ist notwendig. Die Kurse dauern 40–70 Min. und kosten 1950–3025 ¥.

91 [D6] **Toutensei Kawasaki,** 463 Gojōbashihigashi 5-chōme, Higashiyama-ku, Tel. 075 5614089, http://toutensei.com, geöffnet: Mo.–Sa. 10.30–18, So. 11–17.30 Uhr. Der urige Laden, in dem sich alles um Töpfereiprodukte und Teegeschirr dreht, logiert in einem traditionellen Kyomachiya, einem 120 Jahre alten hölzernen Stadthaus. Wer Pläne für heimische Teezeremonien hat, kann sich hier mit den dafür notwendigen, stilvollen Utensilien eindecken.

Japanischer Tee

92 [C4] **Kyoto Goencha,** 266-2 Shikibuchō, Nakagyō-ku, Tel. 050 58894572, http://goencha.com, geöffnet: Mo.–Fr. 13–19, Sa./So. 11–19 Uhr. Eine wahre Fundgrube für Teefreunde: Hier lassen sich Dutzende von Teesorten erstehen. Die meisten stammen aus dem berühmten Anbaugebiet Uji nur wenige Kilometer südlich von Kyoto, das eines der ältesten Japans ist. Dank der liebevoll gestalteten Verpackungstütchen sind die Tees auch hervorragend als Geschenk geeignet.

041ky-ld

Fächer oder Essstäbchen sind beliebte, leicht zu transportierende Mitbringsel aus Japan

93 [B4] **Nishinotoin Teehaus (Marukyu Koyamaen),** Sanbonishinotoinchō, Nakagyō-ku, Tel. 075 2230909, www.marukyu-koyamaen.co.jp/english/top.html, geöffnet: Do.-Di. 9.30-18 Uhr, U-Bahn (Karasuma-Linie) bis Karasuma-Oike, dann 500 m zu Fuß. In diesem mit minimalistischem Schick eingerichteten Teeladen gibt es grünen Matcha-Tee in allen Variationen aus dem Anbaugebiet Uji. Im angeschlossenen Teehaus kann man sich durch das Angebot probieren. Marukyu Koyamaen betreibt noch zwei weitere Filialen im Stadtgebiet, jeweils im UG der Kaufhäuser Takashimaya und Isetan (s. unten).

Kulinarische Spezialitäten

Für kulinarische Spezialitäten lohnt sich ein Besuch der **Lebensmittelabteilungen** der folgenden **Kaufhäuser:**

94 [C4] **Daimaru,** 79 Shijō-dori, Takakura Nishiiri Tachiurinishimachi, Shimogyō-ku, Tel. 075 2118111, www.daimaru.co.jp, geöffnet: tägl. 10-20 Uhr. Lebensmittel gibt es im Souterrain.

95 [B7] **Isetan,** Kyoto Station, Tel. 075 3521111, http://kyoto.wjr-isetan.co.jp, geöffnet: 10-20 Uhr. In den Etagen B1 und B2 ist das Lebensmittelangebot gigantisch.

96 [D5] **Takashimaya,** 52 Nishiiru Shinchō, Shijō-dori Kawaramachi, Shimogyō-ku, Tel. 075 2218811, www.takashimaya-global.com, geöffnet: tägl. 10-20 Uhr. Die kulinarische Abteilung findet man im ersten Untergeschoss.

Manga und Anime

Mangas sind **japanische Comics,** während Anime für **animierte Filme oder Zeichentrickfilme** japanischer Provenienz steht. Spätestens seit den 1990er-Jahren ist die Mangawelle auch nach Europa geschwappt, ob-

EXTRATIPP

Der 100-¥-Shop – das Paradies für Schnäppchenjäger

Wer auf der Suche nach sehr preiswerten Alltagsgegenständen, Haushalts- und Papierwaren oder Süßigkeiten ist, der wird hier definitiv fündig: im 100-¥-Shop, dem **japanischen Pendant zum 1 €-Laden** in Deutschland. Genau genommen sind die Produkte sogar noch preiswerter, da 108 ¥ (100 ¥ + 8 ¥ Mehrwertsteuer = 108 ¥) nur etwa 0,86 € entsprechen. Auch erhält man hier schöne **Mitbringsel** wie Essstäbchen, Keramikwaren, Papierfächer oder lustige Spielzeug-Gimmicks. Ein neugieriges Durchschlendern lohnt sich auf jeden Fall, allerdings kommt man nur selten ohne Einkaufstüte wieder heraus. Die zwei größten Ketten des Landes, Daiso und Can Do, haben auch in Kyoto diverse Filialen, hier eine kleine Auswahl:

97 [D4] **Can Do,** 235 Yamazakichō, Sanjo-Sagaru, Nakagyō-ku, Tel. 075 2310025, www.cando-web.co.jp/e/store_kyoto.html, geöffnet: tägl. 10-22 Uhr, Hankyu-Linie bis Kawaramachi. Etwas schickeres Warenangebot mit mehr dekorativen Produkten, sehr zentral gelegen.

98 [di] **Daiso (1),** 1-62 Nishinokyo Higashigekkochō, Nakagyō-ku, Tel. 075 8131340, geöffnet: tägl. 10-21 Uhr. Die größte Daiso-Filiale der Stadt befindet sich nur fünf Minuten südlich der Nijō-Station. Ein Einkauf hier lässt sich gut mit einem Besuch der Burg Nijō kombinieren.

99 [dj] **Daiso (2),** Aeon Mall (s. S. 71), Kaede Bldg., 4. OG, 1 Nishi-kujo Toriiguchi-chō, Minami-ku, Tel. 075 6939226, geöffnet: tägl. 10-21 Uhr. Diese Daiso-Filiale ist unmittelbar an der Südseite der Kyoto Station zu finden.

EXTRAINFOS

Kleidergrößen

Besuchern aus westlichen Ländern wird auffallen, dass die **Größenangaben bei Textilien** nicht mit denen in Europa übereinstimmen. Da die Einwohner Nippons im Durchschnitt zierlicher und schmaler gebaut sind, haben westliche Besucher hier Probleme: Das T-Shirt, das zu Hause in Größe L passt, wird in Japan zu einer XL.

Tax-free Shopping

In Japan kann man als Ausländer, der als *temporary visitor* (s. S. 97) ins Land gereist ist, bei mittleren bis großen Einkäufen bares Geld sparen. Die normalerweise fällige **Mehrwertsteuer in Höhe von 8 %** entfällt und wird direkt im Laden von der Kaufsumme abgezogen. Allerdings muss der Einkauf mindestens einen **Wert von 5000 ¥** (ca. 40 €) haben und das Geschäft als **„Tax-Free Shop"** gekennzeichnet sein – bei Unsicherheit einfach vorher nachfragen. In ganz Japan gibt es etwa 45.000 dieser Kaufhäuser und Läden. Ganz wichtig ist ferner, dass der Käufer seinen Pass dabeihat, da er beim Kauf vorgezeigt werden muss. Nach dem Kauf wird der Bon in den Pass geheftet oder geklebt. Bei der **Ausreise** gibt es in der Nähe der Passkontrolle einen Schalter oder Tisch mit Körben, in die man den oder die Bons hineinwirft. Die neu erstandene Ware muss im **Handgepäck** mitgeführt werden, da es auf Stichprobenbasis zu Kontrollen kommen kann. Detaillierte Infos finden sich auf der folgenden Website:

› https://tax-freeshop.jnto.go.jp/eng/shopping-guide.php

wohl animierte japanische Produktionen wie „Kimba, der weiße Löwe" oder „Heidi" schon zwei Jahrzehnte früher im deutschen TV gezeigt wurden. In Japan sind die Comic-Hefte und animierten Filme fester Bestandteil der Alltagskultur und werden von Kindern, Jugendlichen und Erwachsenen gleichermaßen geschätzt. Eine Spezialform sind die sogenannten Hentai in Film- oder Heftform, die durch sexuelle oder pornografische Inhalte geprägt sind. Für Fans der japanischen Comic-Kultur sind das Kyoto International Manga Museum (s. S. 54) und die folgenden Geschäfte gute Anlaufpunkte:

100 [D4] **Galleriapart**, 598 Uraderachō, Nakagyō-ku, Tel. 075 7481701, http://galleriapart.com/english.html, geöffnet: Do.–Di. 11–19.30 Uhr. Der prall gefüllte Laden besteht aus 232 kleinen Glasvitrinen, die 232 Besitzern gehören. In den Vitrinen findet man Tausende von Manga- und Anime-Figuren, die zum Verkauf stehen. Die meisten Plastikfiguren sind gebraucht, aber in tadellosem Zustand. Für Sammler genauso zu empfehlen wie für Neugierige, die ein kurioses Japan-Souvenir suchen.

101 [C4] **Lashinbang Kyoto**, Terakado Rokkaku Bldg., 2. OG (über 7-Eleven-Filiale), 241 Eirakuchō, Nakagyō-ku, Kyoto, www.lashinbang.com/special/1748/#LS05, geöffnet: tägl. 11–21 Uhr. Ein Traum für Manga-Fans: Hier kann man DVDs, Blu-Rays, unzählige Charaktere aus Manga und Anime im Figurenform und sogar Bettwäsche mit den aufgedruckten Helden der Kindheit kaufen. Im Vergleich zu Europa ausgesprochen preiswert, da das Gros der angebotenen Figuren aus zweiter Hand stammt.

Zur Kirschblüte (s. S. 79) sind die Parks der Stadt gut besucht

Kyoto zum Träumen und Entspannen

Kyoto ist populär und saisonal mitunter sehr voll. Oftmals reicht ein simpler Trick, um den Menschenströmen zu entkommen: Man biegt einfach in eine **unscheinbare Seitengasse** ab. Auch wenn man dabei nicht unbedingt auf noch „unentdeckte“ Tempel stößt, so kann doch der Spaziergang durch ein ruhiges, beschauliches Wohnviertel ohne Autoverkehr einen neuen, unbekannten Eindruck von Kyoto vermitteln.

Oder man sucht auf dem Stadtplan nach Wegen, die etwa in **Higashiyama** [D–E5] im Osten oder **Arashiyama** 21 im Westen ins Grüne führen. Rund um den **Tempel Senkō-ji** (s. S. 49) etwa, nur wenige Gehminuten vom gut besuchten Zentrum Arashiyamas entfernt, taucht man in eine ganz andere, buddhistisch gelassene Welt ein. Der **Kurama-dera-Tempel** und der **Kifune-jinja-Schrein** (beide s. S. 52), in den nördlichen Bergen gelegen, sind ebenfalls empfehlenswerte Ruheoasen vor den Toren der Stadt.

Auch ein Besuch im **Onsen** (s. S. 52) entspannt Ruhesuchende. Weitere Tipps:

★**102** [eg] **Botanischer Garten**, Hangichō, Shimogamo, Sakyō-ku, Tel. 075 7010141, geöffnet: tägl. 9–17 Uhr (letzter Einlass 16 Uhr), Eintritt: 200 ¥ (Tropenhaus 200 ¥ zusätzlich), U-Bahn (Karasuma-Linie) bis Kitayama. Der Botanische Garten der Stadt ist der älteste Japans: 1924 wurde er eröffnet und hat heute eine Fläche von ca. 240.000 m². Hier kann man im dichten Grün die trubelige Stadt hinter sich lassen und in dem imposanten Tropenhaus (4700 m²) in den Dschungel eintauchen oder sich zwischen mächtigen Kakteen verstecken.

★**103** [E4] **Maruyama-Park**, am östlichen Ende der Shijō-dori gelegen. Aus Gion 14 kommend, entdeckt man bereits das leicht erhöht liegende rote Eingangsportal des Yasaka-Schreins. Direkt hinter dem Schrein schließt sich der Park an. Selbstverständlich ist der zentral gelegene Maruyama-Park zur Kirschblüte nicht gerade eine Oase der

043ky-id

Teezeremonie: „Ein Bad erfrischt den Körper, eine Tasse Tee den Geist“

Seit Jahrhunderten wird sie liturgisch begangen und gilt als eine der ältesten Traditionen Japans: die Teezeremonie. Wie so viele kulturelle Errungenschaften der Inselnation kam auch der Tee aus China - und das bereits vor ca. 1300 Jahren. Anfangs ein sehr elitäres, der Oberschicht vorbehaltenes Getränk, wurde es im Laufe des Mittelalters auch in niedrigeren gesellschaftlichen Kreisen populär.

Mit dem Tee kam auch der Buddhismus nach Japan - die Teezeremonie kann durchaus als eine zenbuddhistische Liturgie betrachtet werden, in welcher dem eigentlichen Teekonsum eine eher symbolische Bedeutung zukommt. Dem Prozedere sitzt ein Teemeister oder eine -meisterin vor und leitet als Gastgeber(in) den Ablauf. Nach vielen exakt festgelegten, fast künstlerisch ausgeführten Zubereitungsschritten wird schließlich der Tee gereicht. Die Atmosphäre ist religiös-spirituell, was durchaus im Sinne der Liturgie ist, da man - in der hektischen Moderne genauso wie damals im Samurai-Japan - entschleunigt zu sich selbst finden kann und soll.

An den folgenden Orten in Kyoto kann man als Besucher der Stadt einer Teezeremonie beiwohnen:

106 *[E5]* ***Camellia Flower,*** *349-12 Masuya-chō (Ninenzaka), Higashiyama-ku, Tel. 075 5253238, www.tea-kyoto.com, geöffnet: tägl. 9-18 Uhr, Buslinien 100, 110 und 206 bis Kiyomizu-michi. In einer Mini-Gasse gelegen (geht von den Ninenzaka am Hello-Kitty-Shop ab, an der Gasse steht ein Dead-End-Schild, selbiges einfach ignorieren!), bietet die sympathische Betreiberin Atsuko Mori stündlich 45-minütige Teezeremonien auf Englisch für neugierige Ausländer an. Im Preis von 3000 ¥ (Kinder 7-12 Jahre zahlen 1500 ¥) sind der Tee und japanische Süßigkeiten enthalten.*

107 *[E4]* ***En Teehaus,*** *272 Matsubara-chō, Higashiyama-ku, Tel. 080 37822706, www.teaceremonyen.com, geöffnet: tägl. 10-19 Uhr, diverse Buslinien bis Chionin-mae. Hier kann man öffentlichen (2500 ¥) oder privaten (4500 ¥) Teezeremonien beiwohnen und das Ambiente eines klassisch eingerichteten Teehauses genießen. Das Gebäude befindet sich in einer winzigen Gasse, die direkt an einem Nudelrestaurant (Tenkaippin) von der Hauptstraße abgeht.*

108 *[B6]* ***Kyogetsu-Teehaus,*** *783 Hiranochō, Shinmachi-dori, shomen sagaru, Shimogyō-ku, www.tea-ceremony-kyoto.com. In einem Traum von einem Teehaus, über 250 Jahre alt, kann man einer exklusiven, privaten Teezeremonie beiwohnen, die von zwei Koryphäen zelebriert wird, die ihre Wurzeln in England respektive in Belgien haben. Sie gehen ihrer Teepassion seit über 25 Jahren gemeinsam nach. Detailliert und ausgiebig werden alle Aspekte dieser urjapanischen Tradition erläutert und vorgeführt. Die 90-minütige Zeremonie kostet 15.000 ¥ pro Person, eine Reservierung ist Pflicht.*

044ky-ld

Ruhe, aber jenseits der saisonalen und tageszeitlichen Hochphasen findet man immer ein ruhiges Eckchen, vor allem im hinteren Teil des Parks.

★**104** [ej] **Tempel Unryū-in,** 36 Sennyuji Yamanouchichō, Higashiyama-ku, Tel. 075 5413916, geöffnet: tägl. 9–16.30 Uhr (im Herbst auch abends geöffnet und illuminiert), Eintritt: 400 ¥, JR Nara-Linie oder Keihan-Linie bis Tofukujo, von dort 25 Min. zu Fuß. Der kleine Fußweg schreckt viele Besucher ab; vermutlich ist der Unryū-in deshalb noch eine wenig besuchte Tempelperle Kyotos. Die wunderschöne Gartenanlage und der traumhafte Ausblick aus der Haupthalle in den Garten sind Grund genug für einen Besuch. Die zenbuddhistische Gelassenheit stellt sich dann fast automatisch ein.

KLEINE PAUSE

Auszeit im Park

Perfekt für eine kleine mentale und kulinarische Auszeit: Das kleine **Café im Maruyama-Park** (s. S. 75) bietet Getränke und Süßigkeiten feil.

105 [E4] **Saka Maruyama,** 620 Maruyamachō, Higashiyama-ku, Tel. 075 5513707, http://sakamaruyama.com, geöffnet: tägl. 11–19 Uhr

Zur richtigen Zeit am richtigen Ort

Die saisonalen **Höhepunkte** im Veranstaltungskalender Kyotos sind zweifelsohne die **Kirschblüte** *Sakura* (auch bekannt als *Hanami*, zu Deutsch „Blüten betrachten") im Frühling (s. S. 79) und die **Herbstlaubfärbung** *(Momiji)* im November. Berühmt ist Kyoto zudem für sein allsommerliches Volksfest **Gion Matsuri,** bei dem die ganze Stadt auf den Beinen ist. Daneben gibt es aber noch eine Vielzahl weiterer Festivitäten und Events, da fast jeder **Tempel und Schrein** im Jahresverlauf ein **besonderes Fest** zelebriert. Deswegen sollte man unbedingt bei der **Touristeninformation** (s. S. 102) nachfragen, um konkrete Tipps für die Tage zu erhalten, an denen man vor Ort ist. Die wichtigen Feste, die man auf keinen Fall verpassen sollte, sind im Folgenden gelistet.

Frühling

› **Higashiyama Hanatoro** (Anfang/Mitte März): Fast alle Tempel und die alten Gassen Higashiyamas [D–E5] werden an zehn Abenden feierlich illuminiert – mehr als 2500 Laternen erleuchten dann die dunkle Nacht. Zusätzlich Tanzvorführungen im Maruyama-Park (s. S. 75) und am Tempel Kiyomizu-dera ⓬.

› **Miyako Odori** (1.–27. April): Fast den gesamten April tanzen und singen die Geishas und Maikos (s. S. 28) aus dem Gion-Viertel ⓮ auf der Bühne des Minamiza Theatre (s. S. 70). Die einmalige Gelegenheit, die grazilen Damen

⌃ *Eine Wartebank, stilvoll japanisch interpretiert*

live zu sehen, sollte man sich nicht entgehen lassen. Vorstellungen tägl. um 12.30, 14.30 und 16.30 Uhr (Dauer: 60 Min.), Eintrittskarten ab 4000 ¥, Infos und Kartenvorverkauf: http://miyako-odori.jp/english oder Tel. 075 5413391.

- **Kamogawa Odori** (Anfang Mai): Eine weitere Möglichkeit, Geishas bei Tanz und Musik zu erleben, bietet das Kamogawa-Odori-Festival im Theater Pontocho Kaburenjo (s. S. 70). Die Show wird in den ersten drei Maiwochen dreimal tägl. aufgeführt (12.30, 14.20 und 16.10 Uhr, Dauer: 75 Min., Tickets: ab 2300 ¥, tägl. ab 10 Uhr an der Theaterkasse).
- **Aoi Matsuri** (15. Mai): Das Aoi-Festival ist eine farbenprächtige Prozession, die um 10.30 Uhr am vormaligen Kaiserpalast ❼ startet und etwa fünf Stunden später am nördlich gelegenen Schrein Kamigamo-jinja (s. S. 14) endet. Unterwegs wird auch der Schrein Shimogamo-jinja, der etwa auf halber Wegstrecke liegt, angesteuert. Den Umzug bestreiten ca. 500 Personen, die alle mit traditionellen Kostümen aus der Heian-Zeit (794–1192) ausstaffiert sind. Im Gefolge entdeckt man auch Ochsenkarren, Kühe und Pferde. In früheren Jahrhunderten nahm auch der Tennō (s. S. 24) an der Parade teil, um in den Schreinen entlang der Strecke für das Wohlergehen Kyotos zu beten.

Sommer

- **Gion Matsuri** (14.–24. Juli): Das Gion-Festival ist die größte und populärste Feier Kyotos und wurde sogar von der UN in die Liste des immateriellen Weltkulturerbes aufgenommen. Eine Vielzahl von Veranstaltungen erstreckt sich über den gesamten Juli, die beiden zentralen Umzüge finden am 17. und 24. Juli statt. Von 9 bis 11.30 Uhr paradieren die mächtigen, prächtig geschmückten Umzugswagen *(yamaboko)*, die von Menschenkraft gezogen oder getragen werden, durch den zentralen Innenstadt-

045ky-ld

bereich rund um die Shijō-dori [A-D4]. Das Festival hat eine über 1100-jährige Geschichte und sollte im Jahr 869 die Götter beschwören, die von der Pest heimgesuchte Stadt zu heilen. Lohnenswert sind auch die abendlichen **Yoi-Yama-Straßenpartys** (14.-16. und 21.-23. Juli ab Sonnenuntergang bis ca. 22 Uhr) auf der Shijō-dori, zu denen sich die Japaner traditionell herausputzen und ihre schönsten Sommerkimonos *(yukata)* tragen. Zum Routenverlauf der Prozessionen: www.kyokanko.or.jp/gion/junkou.html.

› **Daimonji – Gozan no Okuribi** (16. Aug.): Wüsste man es nicht besser, könnte man denken, dass die Einheimischen die Wälder der umliegenden Berge niederbrennen. Das **Feuerfest** bildet den Höhepunkt des **O-Bon-Festes** (auch Obon), einer buddhistischen Tradition, in der die Lebenden ihre verstorbenen Familienmitglieder ehren. Mit den imposanten Feuern werden die Geister der Vorfahren zurück in den Himmel geschickt. In Kyoto werden hierfür auf fünf umliegenden Bergen riesige japanische Schriftzeichen entzündet. Um 20 Uhr brennt das erste, alle paar Minuten folgt ein weiteres auf einem anderen Hügel. Gegen 20.30 kann man alle fünf lodernden Zeichen gleichzeitig bewundern. Im Stadtzentrum bieten an diesem Abend viele hoch aufragende Hotels oder Kaufhäuser „Daimonji Specials" an, die aber nicht ganz preiswert sind. Ein guter, kostenloser Aussichtspunkt, den auch viele Einheimische aufsuchen, ist das Westufer des Kamo-Flusses auf der Höhe des Kaiserpalastes.

◁ *An Fest- und Feiertagen kleidet sich die gesamte Familie gern traditionell*

EXTRATIPP

Kirschblüte in Kyoto – wie, wann, wo?

Ab **Anfang März** ist das Kirschblütenfest Dauerthema in den abendlichen Hauptnachrichten: Wo in Japan stehen die Kirschen bereits in Blüte und wie lautet die Prognose für die anderen Regionen des Landes? Erreicht die „Blütenfront" eine Stadt, werden die Grünanlagen umgehend mit großflächigen, zumeist blauen **Plastikplanen** ausgelegt, die als **Picknickdecken** dienen – die **Hanami-Partys** können beginnen. Je nach Wetterlage erblühen die Kirschbäume zwischen Ende März und Anfang April. In Kyoto sind **folgende Örtlichkeiten** während der Kirschblüte **besonders populär:**

› **Arashiyama** 21
› **Burg Nijō** 6
› **Heian-Schrein** 16
› die Ufer beiderseits des **Kamo-Flusses** [D1-D7]
› **Keage-Aufzug** [F4]
› **Maruyama-Park** (s. S. 75)
› **Philosophenweg** 17
› das Ufer des **Takase-Flusses**, parallel zur Kiyamachi-dori [C6-D4]
› **Tempel Kiyomizu-dera** 12

Herbst

› **Jidai Matsuri** (22. Okt.): Im Gegensatz zu den anderen großen Matsuris der Stadt blickt das Jidai nur auf eine relativ kurze Geschichte zurück. Es wurde erstmals 1895 zum 1100. Geburtstag der Stadt begangen. Der Umzug erinnert an die lange kaiserliche Geschichte der Stadt. Die rund 2000 Teilnehmer tragen Kostüme aus verschiedenen Epochen und werden von Musikspielzügen begleitet. Entgegen der Chronologie, also von der Meiji- zur Heian-Zeit, ziehen sie vom alten Kaiserpalast zum Heian-Schrein 16. Ganz am Ende der Prozes-

Staatliche Feiertage in Japan

- 1. Januar: **Neujahrstag**
- 2. Montag im Januar: **Tag der Volljährigkeit**
- 11. Februar: **Tag der Staatsgründung**
- 23. Februar: **Geburtstag des Kaisers Naruhito**
- 20. oder 21. März: **Frühlingsanfang**
- 29. April: **Shōwa-Tag** (Geburtstag des Kaisers Hirohito)
- 3. Mai: **Tag der Verfassung**
- 4. Mai: **Tag des Grüns** (für Natur und Umweltschutz)
- 5. Mai: **Tag des Kindes**
- 3. Montag im Juli: **Tag des Meeres**
- 11. August: **Tag des Berges**
- 3. Montag im September: **Tag des Respekts vor den Älteren**
- 22. oder 23. September: **Herbstanfang**
- 2. Montag im Oktober: **Tag des Sports**
- 22. Oktober: **Krönung des Kaisers** (nur in 2019)
- 3. November: **Tag der Kultur**
- 23. November: **Arbeitsdanktag**

Fällt ein Feiertag auf einen Sonntag, wird er am darauffolgenden Montag nachgeholt, der dann arbeitsfrei ist.

Sonderregelung für 2020 (aufgrund der Olympischen Sommerspiele):

- **Tag des Meeres:** 23. Juli
- **Tag des Sports:** 24. Juli
- **Tag des Berges:** 10. August

sion werden zwei mobile Holzschreine *(mikoshi)* getragen, die den Geist des Kammu- und des Komei-Tennōs (des 1. und letzten Tennōs Kyotos) symbolisieren sollen. Der Umzug läuft getragen und bedächtig ab. Um 12 Uhr geht es los, gegen 14.30 endet er am Heian-Schrein.

- **Kurama-Feuerfestival** (22. Okt.): Im Dörfchen Kurama findet seit über tausend Jahren dieses Festival statt. Die Dorfbewohner tragen ab 18 Uhr brennende Fackeln durch den Ort, die der Größe des Fackelträgers entsprechen: Kinder tragen kleine bis mittlere Modelle, während die kräftigen Männer mehrere Meter lange Feuerstäbe mit einem Gewicht von bis zu 80 kg schleppen. So sollen die Götter besänftigt werden. Tipp: einige Stunden früher anreisen (Eizan-Linie bis Kurama), da das Festival sehr populär ist.
- **Momiji – Herbstlaubfärbung** (Nov.): Das spektakuläre Naturschauspiel mit bunten Blättern lässt sich an den Kyoto umgebenden Berghängen und in den Gartenanlagen vieler Tempel bewundern. Im Gegensatz zur Kirschblüte, die oftmals nur wenige Tage in voller Pracht zu erleben ist, zieht sich das Herbstspektakel über mehrere Wochen hin. Den Höhepunkt erreicht es, je nach Wettersituation, meist gegen Mitte November. Durch die zeitliche Ausdehnung verteilen sich die Besucher eher und der Andrang ist nicht so groß wie während der Kirschblüte.

Winter

- **Arashiyama Hanatoro** (Anfang/Mitte Dez.): Zehn Tage lang werden nach Einbruch der Dunkelheit Tausende von Laternen auf den Wegen Arashiyamas 21 entzündet – besonders spektakulär ist der illuminierte Pfad durch den berühmten Sagano-Bambuswald.
- **Kyoto Marathon** (Mitte Feb.): Der Kyoto Marathon, der 2012 das erste Mal stattfand, hat auf jeden Fall eine spektakuläre Laufstrecke. Es geht vorbei an diversen Tempeln wie dem Goldenen Pavillon (Kinkaku-ji) 19 und durch die bezaubernde Landschaft Arashiyamas, Ziel ist der Heian-Schrein. Rund 16.000 Teilnehmer lassen sich dieses Spektakel nicht entgehen. Infos unter: www.kyoto-marathon.com/en.

KYOTO VERSTEHEN

070ky-ld

Kyoto – ein Porträt

Kyoto ist auf drei Seiten – im Westen, Norden und Osten – von üppig bewaldeten Bergen umgeben und diese Bergrücken sorgen für einen natürlichen Schutz der Stadt.

Neben der Schutzfunktion werden diese stadtnahen Naturareale von den Kyotoern selbstverständlich als **Naherholungsgebiete** aufgesucht. In Richtung Süden befand sich viele Jahrhunderte lang hauptsächlich agrarisch genutzte Fläche, die jedoch inzwischen großflächig bebaut wurde.

Kyoto ist Teil der **Metropolregion Keihanshin**, zu der das japanische Statistikamt die Präfekturen Kyoto, Osaka und Hyogo (Kobe) zählt. Dieser urbane Verdichtungsraum hat eine Größe von ca. 13.000 Quadratkilometern und zählt 19 Mio. Einwohner. Die **Wirtschaftskraft** der Region ist beeindruckend und stünde, würde man sie mit den Staaten der Welt vergleichen, an 19. Stelle hinter den Niederlanden und vor Saudi-Arabien. Die **Bebauung** ist so dicht, dass man beispielsweise bei einer Zugfahrt oft nicht weiß, in welcher Stadt man sich gerade befindet, da zwischen den Städten keine unbebauten Freiflächen oder Felder mehr existieren. Die ausgesprochen hohe **Bevölkerungsdichte** sorgt für infrastrukturelle Probleme, mit denen insbesondere Kyoto zu kämpfen hat.

In keiner anderen Stadt Japans ist der **Widerstand gegen bauliche Veränderungen** so groß wie in Kyoto – ein Alptraum für Stadtplaner. Abgesehen vom Kyoto Tower 2 gibt es kein weiteres hohes, modernes Gebäude. Pläne für ein 20-stöckiges Hotel in der Nähe der Kyoto Station 1 stießen bereits in den 1980er-Jahren auf erbitterten Widerstand und wurden schließlich abgeschmettert. Schon immer konnte man von den westlichen Bergen über die **flache Stadt** hinweg auf die östlichen Berge schauen – und das soll auch so bleiben, ganz ohne störende Hochhäuser im Zentrum. Da im Stadtzentrum jedoch bereits jeder Quadratmeter bebaut ist und ein Raumgewinn in der Höhe abgelehnt wird, expandiert die

◁ Vorseite: *Baseball ist Japans mit Abstand populärste Sportart*

Stadt nach Süden, dort, wo sich die flache Landschaft in Richtung Osaka erstreckt. Diese neu gewonnenen Wohngebiete sorgen natürlich dafür, dass mehr Menschen zur Arbeit oder zum Shoppen und Ausgehen vom Süden in die Stadt **pendeln** müssen, was wiederum ein höheres Verkehrsaufkommen nach sich zieht. Auch neue Bahntrassen sind unpopulär, da sie, so die Gegner, die historische Stadtstruktur zerstören. Dadurch, dass Kyoto im Zweiten Weltkrieg zum Glück nicht in Mitleidenschaft gezogen wurde, unterblieben aber in den 1950er- und 60er-Jahren Modernisierungen der **Infrastruktur.** Die Straßenbahn wurde in den 1970er-Jahren abgeschafft, jedoch nur durch zwei U-Bahn-Linien ersetzt, die ein deutlich geringeres Einzugsgebiet haben. Der öffentliche Innenstadtverkehr beruht weitgehend auf Bussen, die zu den Hauptverkehrszeiten – wie auch der Individualverkehr – im **Stau** stecken.

Es muss also etwas passieren in Kyoto: Entweder man verdichtet das Zentrum und baut in die Höhe oder die Stadt muss viel Geld in die Hand nehmen und das U-Bahnnetz ausbauen. Aktuell wird ein dritter Weg diskutiert, der durchaus dem Zeitgeist entspricht: Ein massiver **Ausbau des Radwegenetzes** würde das Transportproblem zumindest partiell lösen, wäre klimaneutral und hätte positive Auswirkungen auf die Gesundheit der alternden Bevölkerung. 2018 verfügte Kyoto lediglich über 45 km Radwege, die oftmals auf den regulären Straßen verlaufen, zugleich besitzt jeder zweite Kyotoer ein Fahrrad. Die Perspektive ist also erkannt, jetzt muss die Verwaltung nur entsprechend handeln.

KURZ & KNAPP

Kyoto in Zahlen

- **Gegründet:** 794
- **Einwohner:** 1,47 Mio.
- **Bevölkerungsdichte:** 1786 Einwohner pro km²
- **Fläche:** 823 km²
- **Höhe ü. M.:** 50 m
- **Besucher pro Jahr:** 53,6 Mio. (2017)

Wolkenkratzer sind tabu in Kyoto – das historische Erbe soll bewahrt werden

046ky-ld

Von den Anfängen bis zur Gegenwart

Im Altertum bestand auf den japanischen Inseln ein erstes, frühes Reich, das Nord-Kyushu, Shikoku und ungefähr zwei Drittel der Hauptinsel Honshu umfasste: **Yamato.** In dieser Frühphase der Etablierung kaiserlicher Macht vom 3. bis zum Beginn des 8. Jh. unserer Zeitrechnung gab es keine permanente, Regentschaften übergreifende Hauptstadt. Vielmehr ließ jeder Tennō (s. S. 24) mit Beginn seiner Amtszeit eine neue Palastanlage an einem anderen Ort errichten. Dasselbe gilt natürlich auch für die Institutionen, Ministerien und wichtigsten religiösen Stätten. Durch den Tod des vorhergehenden Regenten war nach shintoistischer Vorstellung der jeweilige Kaisersitz spirituell verunreinigt und die einzige Chance für einen unbefleckten Neuanfang bot der Umzug an einen anderen Ort. Diese ständigen Umzüge, die natürlich mit großem logistischen und bautechnischen Aufwand verbunden waren, leerten ein ums andere Mal die kaiserliche Schatztruhe. Auch für den Aufbau einer dauerhaften, zentralstaatlichen Administration waren sie kontraproduktiv.

Erst mit der Gründung von **Heijō-kyō**, dem heutigen **Nara**, durch die Kaiserin Gemmei im Jahr 710 sollte sich dies ändern. Mit kurzen Unterbrechungen blieb Nara bis 784 Hauptstadt. In dieser Phase wurde der **Buddhismus** quasi zur Staatsreligion und in der neuen Hauptstadt entstanden mächtige Tempel- und Klosteranlagen. Nach einem zehnjährigen royalen Intermezzo, in welchem **Nagaoka-kyō** zum Kaisersitz erkoren wurde, folgte 794 die Weichen stellende Entscheidung für einen erneuten Umzug.

794: Der Kammu-Tennō (737–806) beschließt den Bau einer neuen Hauptstadt nördlich von Nagaoka-kyō, das mehrfach überschwemmt und vom Geist eines toten Kaiserbruders heimgesucht worden war: Heian-kyō, die „Hauptstadt des Friedens und der Ruhe", das heutige Kyoto. Der Hauptgrund für das Verlassen von Nara, so vermuten Historiker, dürfte der Versuch Kammus sein, den einflussreichen buddhistischen Klerus, der während der Nara-Zeit mehr und mehr an Macht gewonnen hat, zu schwächen und sich auch geografisch von ihm zu distanzieren. Die kaiserlichen Geomanten, Experten für die korrekte spirituelle Landschaftsinterpretation und -gestaltung, haben den Ort weise ausgewählt. An drei Seiten wird er von Bergen geschützt, im Nordwesten und Nordosten halten der Atago-yama (924 m) und der Hiei-zan (848 m) kalte Winde und böse Geister fern. Durch den Fluss Yodo ist die neue Hauptstadt auch an die Küste in der Nähe des heutigen Osakas angebunden.

Ab 800: Die neue Hauptstadt wird in einer akkuraten geometrischen Form im Schachbrettmuster angelegt, wobei sich der Kaiserpalast 7 im nördlichen Zentrum befindet. Eindeutiges Vorbild ist dabei Chang'an (heute Xi'an), die Kapitale der chinesischen Tang-Dynastie, zur damaligen Zeit mit über einer Million Einwohnern die größte Stadt der Welt.

10. Jh.: Adel, Hofstaat und Handel entwickeln sich prächtig. Die Stadt boomt. Da jedoch die Aristokratie und der Klerus von Steuerabgaben weitgehend befreit sind, öffnet sich die Schere zwischen der wohlhabenden Stadt und den ärmeren Provinzen mehr und mehr. Die Unzufriedenheit des Landadels und der militärisch erstklassig ausgebildeten Kriegerklasse, der Samurai, äußert sich regelmäßig in Aufständen und Rebellionen.

11–12. Jh.: Die meisten Tennōs dieser Phase danken bereits nach wenigen Jahren ab, ziehen sich offiziell als buddhistische Mönche ins Kloster zurück und überlassen danach ihren Söhnen den Thron. Allerdings üben sie oftmals als „Schatten-Tennōs“ im Hintergrund die wahre Macht aus, ohne sich jedoch andererseits dem zeitaufwendigen Hofzeremoniell unterwerfen zu müssen. Machtkämpfe und Intrigen bestimmen das höfische Leben in Kyoto, der Fujiwara-Clan wird zum mächtigsten Familienverband dieser Zeit. In Kyoto bricht ein goldenes Zeitalter der Künste an. Bisher haben die Japaner ausschließlich mit chinesischen Schriftzeichen geschrieben, entwickeln nun aber mit der Kana-Schrift, einem Vorläufer der heutigen Hiragana- und Katakana-Alphabete, eine eigene Schriftform. Die klassische japanische Literatur entsteht. Eine typisch japanische Malerei, Yamato-e, tritt aus dem Schatten der chinesischen Vorbilder (Kara-e), am Hof werden feine Seidentextilien hergestellt und die Handwerkskunst (Lackwaren und Bronzeskulpturen) erreicht neue, künstlerische Höhen.

1180–1185: Das Ende der Heian-Zeit (794–1185) bahnt sich bereits Mitte des 12. Jh. an, da die Macht des Tennōs mehr und mehr erodiert und die bedeutenden Clans der Taira- und der Minamoto-Familien um die Vormachtstellung in Kyoto und somit in ganz Japan ringen. Im Gempei-Krieg (1180–1185) kulminiert die Rivalität der Clans und nach insgesamt 19 Schlachten steht der Sieger fest: Die Minamoto sind de facto die neuen Herrscher Japans.

1192: Minamoto no Yoritomo wird vom Tennō zum militärischen Oberbefehlshaber (Shōgun) ernannt, gründet eine Militärregierung *(bakufu)* und errichtet seinen Herrschaftssitz in Kamakura, ca. 60 km südlich des heutigen Tokyos. Bis 1333 besteht das Kamakura-Shōgunat als Machtzentrum. Der Hofstaat in Kyoto beschränkt sich auf administrative Aufgaben, während die jeweiligen Shōgune die wichtigen Entscheidungen treffen.

Steinerne Zeugen der Vergangenheit: Tempelaufgang in Kurama, nördlich von Kyoto *(s. S. 50)*

047ky-ld

1333–1336: Mit Unterstützung zweier Samurai-Clans, den Ashikaga und den Nitta, stürzt der Go-Daigo-Tennō das Kamakura-Shōgunat. Für eine kurze Zeit ist die militärische und politische Macht wieder in der Hand des Kaisers vereint. Die Samurai-Kaiser-Allianz bricht jedoch schon nach drei Jahren. Auch der Hofstaat spaltet sich auf: Bis 1392 gibt es eine Süd- und eine Nord-Dynastie in Kyoto, die jeweils von erfahrenen, einflussreichen Militärs unterstützt werden.

1392–1573: 1392 werden die beiden Dynastien unter Federführung der Nord-Dynastie und des Ashikaga-Clans wieder vereint und Ashikaga Yoshimitsu zum alleinigen Shōgun ernannt. Das Ashikaga-Shōgunat, auch bekannt als Muromachi-Zeit (benannt nach dem gleichnamigen Stadtteil Kyotos, in dem die Ashikagas ihre Regierungszentrale haben), ist eine sehr unruhige, kriegerische Periode im japanischen Mittelalter. Diverse Clans kämpfen um die Herrschaft. Kyoto wird besonders während des Ōnin-Krieges (1467–1477) zum Schlachtfeld: Die Stadt ist danach komplett zerstört und niedergebrannt. Wenn die Einheimischen heute vom „Vorkriegs-Kyoto" reden, meinen sie den Zustand vor dem Ōnin-Krieg und nicht vor dem Zweiten Weltkrieg. Die Kämpfe, die sich später auf ganz Japan ausbreiten, dauern noch 100 Jahre an.

1573–1603: Mit der Azuchi-Momoyama-Zeit endet das kriegerische Zeitalter. Von den drei Reichseinigern Oda Nobunaga, Toyotomi Hideyoshi und Tokugawa Ieyasu wird Letzterer 1603 zum Shōgun ernannt.

1603–1853: Mit Beginn des Tokugawa-Shōgunats verliert Kyoto wieder an Bedeutung, da Ieyasu den Regierungssitz der Militäradministration in ein kleines Fischerstädtchen namens Edo verlegt, das erst über 250 Jahre später in Tokyo umbenannt wird. Der Tennō bleibt in seiner Palastanlage in Kyoto und konzentriert sich auf das aufwendige, pompöse Hofzeremoniell. Er sitzt im goldenen Käfig, während von Edo aus regiert wird. Unter den insgesamt 15 Tokugawa-Shōgunen wird die Stellung der Samurai-Klasse nochmals gestärkt – sie sind die einzigen, die Waffen tragen dürfen. Das Christentum wird verboten und Japan schottet sich ab den 1630er-Jahren vom Rest der Welt ab, indem außerjapanischer Warenhandel oder Personentransport untersagt werden. Stabile Rahmenbedingungen und wirtschaftliche Reformen sorgen für ein Aufblühen von Ökonomie und Gesellschaft. Japan verbleibt bis ins 19. Jh. ein feudaler Staat, der durch seine Abschottungspolitik viele globale Entwicklungen schlichtweg verpasst. Erst moderne US-amerikanische Kanonenboote unter Kommodore Perry (1794–1858), im damaligen Japan komplett unbekannt, erzwingen 1853 die Öffnung der Häfen. So öffnet sich nicht nur das Tor für den Warenhandel, sondern auch für frische Ideen.

1868–1900: Durch die erzwungene Öffnung des Landes steht Japan am Scheideweg. Der Westen ist Japan technologisch haushoch überlegen, nicht zuletzt im Bereich der Militärtechnologie: Samuraischwerter gegen Kanonenboote. Traditionalisten und westlich orientierte Modernisierer stehen sich gegenüber. Sie sind sich nur darin einig, dass Japan nie zu einer weiteren asiatischen Kolonie der Westmächte werden dürfe. Am Ende setzen sich die Modernisierer durch, dies jedoch durch einen scheinbaren Rückschritt: Die Macht des Kaisers soll wieder absolut und das Shōgunat entmachtet werden. Dies geschieht während der Meiji-Restauration. Der 15-jährige Meiji-Tennō übernimmt formal alle Kompetenzen, der kaiserliche Hof zieht nach Tokyo. Somit endet 1869 der fast 1100 Jahre währende Status von Kyoto als Haupt-

Kyoto, der Kriegsminister und die Bombe

Im Frühling 1945 war die Entwicklung einer neuen, furchtbaren Waffengattung, die auf der Spaltung von Atomen beruhen sollte, schon weit fortgeschritten. In den Laboren von Los Alamos (New Mexico) tüftelten Hunderte von Forschern an dieser revolutionär-brachialen Bombe. Parallel dazu trafen dort Mitte Mai 1945 führende Militärs und politische Entscheidungsträger zusammen, um sich auf potenzielle Ziele für den Ersteinsatz zu verständigen. Die zweitägigen Beratungen der sogenannten Zielfindungskommission mündeten in einer Liste mit den folgenden, nach Priorität abgestuften möglichen Angriffszielen:

1. *Kyoto*
2. *Hiroshima*
3. *Yokohama*
4. *Kokura*
5. *Niigata*

Zu den Auswahlkriterien wie Bevölkerungsgröße, Anzahl militärischer Einrichtungen, rüstungsindustrielle Bedeutung und der Frage, ob die Stadt schon zuvor konventionell bombardiert worden war (nur so konnte man die Wirkungsmacht der neuen Waffe genau bewerten), kamen bei Kyoto weitere Motive hinzu: Die Stadt war das historisch-kulturelle Zentrum Japans und ihre Zerstörung wäre eine angemessene Antwort (so die US-Militärlogik) auf den perfiden japanischen Überfall auf Pearl Harbor. Zusätzlich galt die Bevölkerung Kyotos als überdurchschnittlich gebildet: Die überlebenden Intellektuellen hätten nach Abwurf der Bombe reflektierter und analytischer über die verheerenden Auswirkungen Auskunft geben können als anderswo.

Bei einem Treffen zwischen Kriegsminister Henry Stimson und dem militärischen Chef des Atomprojekts Leslie Groves zwei Wochen später kam es zum Streit über die Zielauswahl. Stimson forderte General Groves auf, Kyoto von der Liste zu streichen, da die kulturellen Schätze der Stadt unersetzlich seien und nicht zerstört werden dürften. Der Streit zwischen Stimson und Groves wurde höchstinstanzlich erst am 25. Juli 1945 beigelegt: Präsident Truman segnete auf der Potsdamer Konferenz die finale Zielliste ab, auf der Kyoto durch Nagasaki ersetzt worden war.

Bis heute rätseln die Historiker über die Motive Stimsons, da die Wertschätzung von kulturellen Gütern in einem brutalen Konflikt wie dem Zweiten Weltkrieg doch sehr ungewöhnlich zu sein scheint. Auch Stimsons spätere Erklärung, dass er die Japaner nicht zu sehr habe erniedrigen und demütigen wollen, um sie nach Kriegsende leichter als Alliierte im Bündnis gegen die Sowjetunion ins Boot holen zu können, wirkt recht konstruiert.

Es scheint vielmehr, als hätten ihn persönliche, emotionale Motive geleitet, denn vor dem Ausbruch des Konflikts mit Japan war er mindestens zweimal privat als Tourist in Kyoto, davon einmal mit seiner Frau Mabel im Rahmen ihrer Hochzeitsreise. Auch wenn es nicht definitiv zu beweisen ist, so scheint Kyoto letztendlich durch den Sinn für Ästhetik und die Liebe eines Mannes zu einer Frau vor dem atomaren Höllenfeuer bewahrt worden zu sein, welchem dann Hundertausende in Hiroshima und Nagasaki zum Opfer fielen.

stadt. In puncto Wirtschaft, Politik, Militär und Gesellschaft werden westliche Ideen übernommen, das Land wird im Eiltempo modernisiert, sodass man Anfang des 20. Jh. in viele Bereichen auf Augenhöhe mit Europa und den USA ist. Kyoto profitiert von den Reformen, wenn auch nicht mehr als Hauptstadt. 1877 wird der erste Bahnhof eröffnet, das Bevölkerungswachstum ist rasant: von 279.000 (1889) auf 591.000 (1920).

1901–1945: Die Modernisierung geht einher mit aggressivem Nationalismus und Militarismus, der spätestens ab 1910 in eine expansive Eroberungspolitik übergeht, 1941 zum japanischen Überfall auf Pearl Harbor führt und mit der bedingungslosen Kapitulation im August 1945 endet. Im Zweiten Weltkrieg bleibt Kyoto als eine der wenigen Städte Japans unbeschädigt (s. S. 87).

1945 bis heute: Nach dem Ende des Zweiten Weltkriegs steht Japan vor einer ähnlichen Situation und einem vergleichbaren Trümmerhaufen wie Deutschland. Das Land geht auch einen ähnlichen Weg: Im Rahmen eines wirtschaftlichen Neuanfangs und Erfolgs wird man in den ersten Nachkriegsjahrzehnten wieder von der Weltgemeinschaft aufgenommen – institutionell wie auch moralisch. Die vormalige Hauptstadt Kyoto wählt dabei den kulturellen, intellektuellen Pfad und setzt auf seine historischen und religiösen Baudenkmäler. Auch wenn einige große Unternehmen wie Kyocera und Nintendo ihren Stammsitz in Kyoto haben, besteht das Gros der Arbeitsplätze in den Bereichen Bildung, Dienstleistung und Tourismus. Kyoto trumpft mit Kulturtourismus: 1994 werden ihm 17 UNESCO-Weltkulturerbestätten zugesprochen, so viele wie keiner anderen Stadt der Welt (zwei Denkmäler befinden sich in der Stadt Uji und eines in Ōtsu; beide Städte liegen jedoch in der Präfektur Kyoto).

Leben in der Stadt

Kyoto ist elementarer Bestandteil der Region Kansai, die grob skizziert u. a. Osaka, Kobe, Sakai, Nara und eben Kyoto umfasst. Es ist die historisch bedeutsamste Landschaft Japans, die Kinderkrippe der Nation.

Politisch, kulturell und ökonomisch war **Kansai** über viele Jahrhunderte das **Herz des Landes.** Erst in den letzten 150 Jahren hat sich das Kräfteverhältnis langsam zugunsten der Region **Kanto**, mit Tokyo als Zentrum, verschoben. So wundert es wenig, dass die Rivalität zwischen den zwei Metropolregionen auch heute noch sehr groß ist. Ganz symbolisch lässt sich das am **japanischen Nationalsport** Nummer eins, dem **Baseball,** festmachen. Die Anhänger der Yomiuri Giants (Tokyo) und der Hanshin Tigers (Osaka/Kansai) sind sich in tiefster Abneigung verbunden und der Vergleich mit den deutschen Fußballteams Schalke und Dortmund drängt sich geradezu auf: Die Hanshin Tigers übernehmen dabei den Part der Schalker, da sie über eine große Anhängerbasis verfügen, ihnen aber der finale Erfolg fast immer verwehrt wird und sie nur einmal den ersehnten Meistertitel erringen konnten (1985).

049ky-ld

050ky-Id

Auch **sprachlich** unterscheiden sich die zwei Regionen deutlich. Während in Tokyo „Hochjapanisch", also das Standardidiom gesprochen wird, pflegt man in Kyoto den **Kansai-Dialekt**, der etwas ruppiger und schnörkelloser daherkommt. Die ausgeprägteste Variante des Kansai-Dialekts ist das *Osaka-ben,* das, auf Deutschland übertragen, wohl einer Mischung aus Ruhrpott-Slang und Berliner Schnauze am nächsten kommt. Sehr viele japanische Kabarettisten und Komiker stammen aus Kansai, da sie alleine durch den Gebrauch ihres Dialekts das Publikum zum Lachen bringen.

Einen Sonderstatus innerhalb Kansais nimmt naturgemäß Kyoto ein, das mit seiner 1200-jährigen Geschichte, davon 1074 Jahre als Hauptstadt und Kaisersitz, eine **magnetische Anziehungskraft** auf Besucher aus Japan und dem Rest der Welt ausübt. Für jeden Japaner ist es quasi eine **staatsbürgerliche Pflicht,** mindestens einmal im Leben Kyoto zu besuchen und die großartigen Tempelanlagen sowie Gärten ausgiebig zu erkunden. Aber da die Japaner „Vorzeigebürger" sind, kommen sie selbstverständlich mehrfach: Pro Jahr zählt man etwa 40 Mio. einheimische Besucher, die meisten sind **Tagestouristen.** Das ist fast ein Drittel der japanischen Gesamtbevölkerung.

Die **Kyotoer** sind ausgesprochen **stolz** auf ihre historisch und kulturell einmalige Stadt und sich ihrer Sonderrolle durchaus bewusst. Sicherlich ist Tokyo um ein Vielfaches größer und Regierungssitz, Osaka eine boomende Wirtschafts- und Handelsmetropole mit einem Gastro- und Nachtleben der Extraklasse, aber Kyoto repräsentiert wie keine andere Stadt Japans die **historischen Wurzeln der**

Kein Widerspruch, sondern Spagat auf Japanisch: Smartphone und Kimono

Keine Pferderennbahn in der Nähe? Dann wettet man eben auf digitale Galopper!

Religion in Japan: der shintō-buddhistische Synkretismus

Hanako Yamada, das weibliche japanische Pendant zu Max Mustermann, besucht am Wochenende eifrig und gern religiöse Stätten. Nachdem sie zuerst im Shintō-Schrein den Göttern ihre Aufwartung gemacht hat, pilgert sie im Anschluss zu dem nahe gelegenen buddhistischen Tempel, zündet feierlich einige Räucherstäbchen an und betet mit spiritueller Inbrunst.

Seit dem 6. Jh. unserer Zeitrechnung hat sich diese Tradition etabliert und wird im Reich der aufgehenden Sonne nicht einmal als eine besondere Form interreligiöser Toleranz angesehen, sondern schlichtweg als gesellschaftlicher Normalfall. Rechnet man repräsentative Umfragen der Meinungsforscher hoch, bekennen sich ca. 105 Mio. Japaner zum Shintoismus und 85 Mio. zum Buddhismus – also 190 Mio. Gläubige bei einer Bevölkerungszahl von lediglich 127 Mio. (die geschätzten 10 Mio. Anhänger anderer Gruppierungen und Sekten oder die 2 Mio. Christen noch nicht einmal eingerechnet). Unter dem Terminus „Shinbutsu-Shūgō" hat dieser shintō-buddhistische Synkretismus Einzug in die japanische Fachliteratur gefunden.

Selbstverständlich bestand die friedliche Koexistenz bzw. Symbiose der beiden Hauptglaubensrichtungen nicht durchgehend über 1500 Jahre. Wechselnde Herrscher und ein veränderter Zeitgeist führten immer wieder zur Neuausrichtung der vorherrschenden religiösen Doktrin. Insbesondere während der Meiji-Zeit im letzten Drittel des 19. Jh. kam es zu einer deutlichen Verschiebung. Im Rahmen einer Rückbesinnung auf urjapanische Werte setzten die gesellschaftlichen Entscheidungsträger komplett auf die Shintō-Karte, auf die älteste originär japanische Glaubensrichtung. Schließlich war der erste Tennō (s. S. 24) Jimmu ein direkter Nachfahre der Sonnengöttin Amaterasu – mehr historisch-religiöse Legitimation geht nicht. Mit dem Meiji-Tennō, dem göttlichen Kaiser, wurde eine Person zur höchsten religiösen UND staatlichen Instanz – so wurde der staatliche Shintoismus etabliert. Buddhistische Tempel wurden von nationalistischen Fanatikern gestürmt und teilweise zerstört. Der Besuch des von buddhistischem Glaubensgut „gesäuberten" Shintō-Schreins wurde somit zur Manifestation des Glaubens, aber auch zum symbolischen Bekenntnis zum Tennō und zum japanischen Nationalstaat. Eine verhängnisvolle Konstellation, die mit dazu beitrug, dass Japan in den 1930er-Jahren zum aggressiven, ultranationalistischen Staat mit faschistischen Elementen wurde, der seine Nachbarn mit Krieg überzog. Selbst in den okkupierten Gebieten wurden Shintō-Schreine errichtet und die lokale Bevölkerung wurde mit Waffengewalt zum Schwur auf Japan und Kaiser gezwungen.

Mit der Niederlage 1945 endete dieses finstere Kapitel. Die Alliierten erzwangen eine radikale Trennung von Staat und Kirche und der Tennō verlor offiziell seinen göttlichen Status. Seitdem herrscht im Lande wieder religiöse Toleranz. Frau Yamada plant bereits ihre Hochzeit im Shintō-Schrein um die Ecke. Und dabei denkt sie nicht an Japan, Nation oder Tennō, sondern ausschließlich an ihren zukünftigen Ehemann.

051ky-ld

Nation. Während die Fischer in Tokyo noch ihre Netze flickten, war Kyoto schon ein herausragender Ort der Kunst, Kultur und Literatur. Die modernen Innenstadtbereiche mit funkelnder Neonreklame sind in Osaka oder Tokyo sicher spektakulärer, dafür jedoch besitzt die alte Hauptstadt **religiöse Pilgerstätten** und **architektonische Perlen** wie keine andere Metropole des Landes. Die Kyotoer vergleichen ihre Heimatstadt nicht mit anderen, sie wissen, dass diese in einer eigenen Liga spielt und dass Japan ohne die Jahrhunderte der kreativen Eleganz und Avantgarde Kyotos ein anderes, kulturell ärmeres Land wäre.

Um dem touristischen Trubel aus dem Weg zu gehen, empfiehlt sich ein Besuch der beliebtesten Sehenswürdigkeiten am frühen Morgen oder am späten Nachmittag

Wenn Anziehungskraft zur Bürde wird: Overtourism in Kyoto

Der **Tourismus** in Japan boomt! Die offiziellen Statistiken des japanischen Fremdenverkehrsamtes sprechen eine eindeutige Sprache: Während 2003 etwa 5,2 Mio. ausländische Besucher gezählt wurden, stieg die Zahl 2018 erstmalig auf über 30 Mio. – eine Versechsfachung innerhalb von nur 15 Jahren (und das trotz eines massiven Besuchereinbruchs im Jahr 2011/12 als Folge der Nuklearkatastrophe von Fukushima).

Insbesondere der ökonomische Aufstieg Chinas und der damit einhergehende Wohlstandszuwachs der chinesischen Mittelschicht spiegelt sich in der Statistik wider: Allein aus **China, Taiwan und Hongkong** stammen 50 % aller ausländischen Touristen. Zählt man noch die Besucher aus **Südkorea** hinzu, kommen diese vier Regionen auf einen Marktanteil von 75 %. Die rund 200.000 deutschen Touristen tragen lediglich mit 0,7 % zur Statistik bei, während Europäer, Amerikaner und Australier in der Summe auf gut 11 % kommen.

Obwohl die japanische Regierung seit Jahren auf die Tourismuskarte setzt, wurden alle Prognosen deutlich übertroffen. Selbstverständlich rechnet sich der Tourismus auch wirtschaftlich, da viele Besucher aus Ostasien als ausgesprochen spendierfreudige Shoppingtouristen gelten. Aber dass Geld nicht alles ist, lässt sich gut am **Touristenmagneten Kyoto** festmachen. Die Infrastruktur der Stadt ist während der saisonalen Hochphasen komplett überlastet. Die **Hotels** verzeichnen beispielsweise zur **Kirschblüte** (s. S. 79) eine Auslastung von 98 % und können happige Zimmerpreise problemlos durchsetzen. Aber dies bedeutet auch, dass Touristen bei der kurzfristigen Zimmersuche leer ausgehen oder in umliegende Städte und Gemeinden ausweichen müssen.

Die **öffentlichen Verkehrsmittel**, egal ob Bus oder Bahn, sind zu dieser Zeit im Stadtgebiet zu 200 % oder mehr ausgelastet. An den **Hauptsehenswürdigkeiten** herrscht oftmals ein großes Gedränge und Geschiebe.

Kyoto zur Kirschblüte ist somit ein **Paradebeispiel für „Overtourism“**, ein Phänomen, das seit einigen Jahren die Tourismuswirtschaft ebenso wie die betroffenen Anwohner beschäftigt. Die Proteste der Einwohner gegen die Touristen-Invasion in Barcelona, Venedig, Berlin, Bergen oder anderswo sprechen eine deutliche Sprache. Bis es in Japan zu öffentlichen Unmutsäußerungen kommt, muss allerdings viel passieren. Aber inzwischen wird die Thematik auch in Kyoto wenig charmant als „Tourismus-Verschmutzung“ diskutiert. 2018 gipfelte die Diskussion in einer japanischen TV-Show in der Aussage, Japan opfere seine kulturelle Integrität für schnöden Mammon.

Eine Lösung ist jedoch in weiter Ferne, da viele Marktakteure vom Tourismus profitieren – nicht zuletzt der japanische Staat, dem höhere Steuererträge in die Kassen gespült werden. Die Stadt Kyoto hat zum 1. Oktober 2018 eine **Bettensteuer** (s. S. 116) eingeführt. Auch in Tokyo hat man sich Gedanken gemacht und im Januar 2019 eine **„Sayonara-Steuer“** eingeführt, die jeder, der das Land verlässt, zu begleichen hat: 1000 ¥ (ca. 8 €) pro Person (wird automatisch auf das Flug- oder Fährticket aufgeschlagen). Diese zusätzlichen Steuereinnahmen sollen direkt in die Verbesserung der Touristik- und Verkehrsinfrastruktur fließen. Was auch mehr als nötig erscheint: Tokyo ist 2020 Ausrichter der Olympischen Sommerspiele – der Boom wird also weitergehen!

PRAKTISCHE REISETIPPS

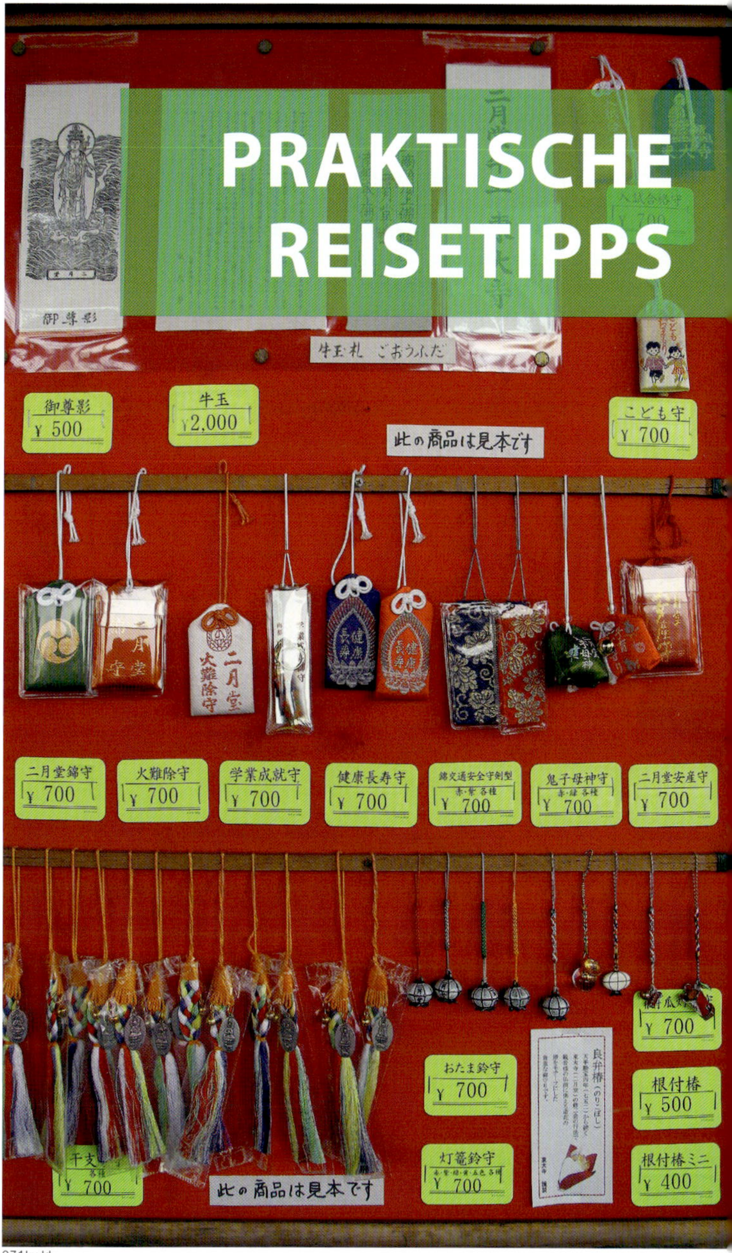

071ky-ld

An- und Rückreise

Mit dem Flugzeug

Kansai International Airport

Wer direkt aus dem Ausland anreist, wird vermutlich den **Kansai International Airport (KIX)** als Ankunftsort wählen. Der KIX liegt auf einer künstlich aufgeschütteten Insel in der **Bucht von Osaka**, die über einer Brücke mit dem Festland verbunden ist. Aufgrund der Insellage findet der Flugbetrieb rund um die Uhr statt, da der Faktor Lärmbelästigung vor der Küste nicht ins Gewicht fällt. Auch die internationale Anbindung ist ausgezeichnet, was sich im Passagieraufkommen widerspiegelt: Insgesamt fertigt der KIX pro Jahr 28 Mio. Passagiere ab, darunter 21 Mio. internationale Fluggäste.

Die Strecke vom KIX nach Osaka hat eine Länge von ca. 50 km, nach Kyoto kommen nochmals 50 km hinzu, sodass die **Gesamtstrecke** zwischen Flughafen und Kyoto **ca. 100 km** beträgt.

Die **Schienenverbindung** mit dem **Limited Express Haruka** ist sowohl die schnellste als auch die bequemste Reiseart, da man ohne Umsteigen vom KIX bis zur Kyoto Station (Hauptbahnhof) ❶ fahren kann (oder umgekehrt).

- **Limited Express Haruka:** ab KIX tägl. 6.30–22.15 Uhr, ab Kyoto Station tägl. 5.45–20.30 Uhr, Fahrzeit: 75–80 Min., ca. halbstündige Taktung, Tickets: 3170 ¥ (einfache Fahrt)
- **Fahrpläne und Infos:** www.westjr.co.jp/global/en/timetable

◁ *Vorseite: Glücksbringer und Amulette werden in allen religiösen Stätten Kyotos zum Kauf feilgeboten*

Ein preiswertes, praktisches Angebot ist die **Kombikarte „ICOCA & Haruka"**: Für 3600 ¥ erhält man eine IC-Karte (ICOCA, zu den IC-Karten: s. S. 126) mit einem Guthaben von 1500 ¥ (plus 500 ¥ Pfand), das man vielseitig einsetzen kann, und einen Fahrschein für den Haruka Express, der dann nur noch 1600 ¥ kostet. Das Angebot ist aber nur für Touristen erhältlich, die als *temporary visitor* eingereist sind (s. S. 97) und das entsprechende **Drei-Monats-Visum** im Reisepass vorweisen können. Besitzer einer ICOCA-Karte erhalten das Haruka-Ticket grundsätzlich für 1600 ¥. Die einfache Fahrkarte und die Kombikarte sind im JR Ticket Office im Bahnhof des KIX erhältlich.

Wer mit dem **Japan Rail Pass** (s. S. 95) unterwegs ist, kann gratis mit dem Haruka-Express reisen, da er von JR West betrieben wird und im Rail Pass inbegriffen ist. Der Gutschein des Rail Pass muss im Bahnhof des KIX gegen das Originalticket eingetauscht werden.

Alternativ kann man den **Limousine Bus** wählen, um vom KIX-Flughafen nach Kyoto (und umgekehrt) zu gelangen. Zustiegspunkte gibt es am Terminal 1 (1. Etage, Bushaltestelle 8) und am Terminal 2 (Bushaltestelle 2), hier können auch die Fahrscheine gekauft werden. Achtung: Einige der morgendlichen Busse starten nur am Terminal 1 und bedienen Terminal 2 nicht, bitte vor Ort informieren. In Kyoto halten die Busse an der südlichen Seite des Hauptbahnhofs (Ausgang Hachijo-guchi, vor dem Avanti-Gebäude).

- **Limousine Bus:** ab KIX tägl. 5.57–23.42 Uhr 2–3-mal pro Stunde, ab Kyoto Station tägl. 4.30–22.10 Uhr, Fahrzeit: 90 Min., Tickets: Erw. 2550 ¥, Kinder 1280 ¥ (einfache Fahrt), 4180 ¥

(14 Tage gültiges Hin- und Rückfahrticket, nur für Erw.)

› **Fahrpläne und Infos:** www.kate.co.jp/en/timetable/detail/KY

Eine ausgesprochen komfortable Alternative für den Transfer vom oder zum KIX sind die sogenannten **Shuttle-Taxis**, Großraumtaxen mit bis zu neun Sitzen, die die Fahrgäste zum jeweiligen Hotel chauffieren (bzw. vom Hotel zum Flughafen). Der Preis beträgt 4200 ¥ pro Person (Kinder bis 12 J. 2100 ¥). Die Fahrten müssen jedoch mindestens 48 Std. im Voraus reserviert werden und die Fahrzeit kann bis zu 3 Std. betragen, abhängig von den anderen Fahrgästen und deren Fahrzielen. Folgende Firmen sind zu empfehlen:

› **Skygate Shuttle,** Tel. 075 7785489, www.mktaxi-japan.com/skygate-shuttle

› **Yasaka Taxi,** Tel. 075 8034800, www.yasakataxi.jp/english/shuttle

Osaka International Airport

Der zweite große Flughafen der Region ist der **Osaka International Airport (ITM)**, auch **Itami Airport** genannt. Der Name stammt noch aus der Zeit vor der Eröffnung des KIX 1994 und ist heute etwas irreführend: Die 15 Mio. Passagiere pro Jahr sind ausschließlich auf innerjapanischen Strecken unterwegs, Dutzende Flüge täglich verbinden den ITM mit Tokyo Haneda.

Itami liegt für Reisende nach Kyoto deutlich **verkehrsgünstiger** und ist nur 45 km von Kyoto Station entfernt. Da die Zugverbindungen zwischen Itami und Kyoto immer mit Umsteigen und entsprechendem Zeitverlust verbunden sind, ist der **Bus** das Verkehrsmittel der Wahl. Die Fahrten werden von der Firma **Osaka Airport Transport (OKK)** durchgeführt. Am Itami-Flughafen fahren die Busse Richtung Kyoto an der Haltestelle 2 direkt vor dem Ankunftsterminal ab, in Kyoto an der Südseite des Hauptbahnhofs, der Hachijo-guchi-Seite.

› **Osaka Airport Transport:** ab Itami tägl. 8.10–21.15 Uhr im 20-Min.-Takt, ab Kyoto Station tägl. 5.40–18.50 Uhr, Fahrzeit: 50 Min., Tickets: 1310 ¥ (einfache Fahrt)

› **Fahrpläne und Infos:** www.okkbus.co.jp/en

Als Alternative stehen die **Skygate Shuttle-Taxis** (s. links) zur Verfügung: Für die einfache Fahrt zahlen Erwachsene 2900 ¥ (Kinder unter 12 J. 1500 ¥), nur mit Reservierung mind. 48 Std. vor Abfahrt.

Mit dem Zug

Die meisten Besucher Kyotos, die zuvor andere Teile Japans bereist haben, dürften auf dem Landweg anreisen. Unschlagbar schnell und fast schon luxuriös sind die japanischen Schnellzüge namens **Shinkansen,** die mit 300 km/h durchs Land rasen. Auf der **Tōkaidō-Trasse zwischen Tokyo und Shin-Osaka** sowie in umgekehrter Richtung – immer mit einem Stopp in Kyoto – verkehren täglich insgesamt 365 Schnellzüge, die jährlich 150 Mio. Passagiere befördern. Die Fahrzeit auf der 500 km langen Strecke von Tokyo nach Kyoto beträgt in den Expresszügen von **Nozomi** nur 135 Min., mit den an mehr Bahnhöfen haltenden Zügen von **Hikari** reist man ca. 2 Std. 40 Min. Die einfache Fahrt zwischen der neuen und alten Hauptstadt ist kein Schnäppchen: 12.000–14.000 ¥ (110–115 €) muss man einplanen, abhängig vom gewählten Zug. Eine kostengünstige Option ist der **Japan Rail Pass,** der

eine unbegrenzte Zahl an Fahrten mit dem Shinkansen in einem vorher definierten Zeitfenster ermöglicht (Achtung, nicht im Nozomi gültig!).

Neben den rasanten Shinkansen gibt es eine Vielzahl an regionalen Verbindungen, die ebenfalls von **JR (Japan Railways)** betrieben werden. Grundsätzlich sind die lokalen Züge deutlich preiswerter und werden ergänzt durch Verbindungen diverser privater Zugbetreiber, die häufig günstigere Preise anbieten, um Kunden zu gewinnen. Zu den lokalen Zügen in und um Kyoto: s. S. 127.

Mit dem Bus

Wer **sparen** möchte und über ein **üppiges Zeitbudget** verfügt, der wählt die Anreise per **Fernbus.** Preiswerter kann man einfach nicht durch Japan reisen. Die Busreise von Tokyo nach Kyoto kostet ab 1600 ¥ (ca. 13 €) und dauert um die sieben Stunden. Besonders populär sind die **Nachtbusse**, da auf diese Weise eine Hotelübernachtung eingespart wird und man früh morgens in Kyoto ankommt. Für eine Tour aus dem südlichen Fukuoka sollte man mind. 30 € und 8–10 Std. Fahrzeit einkalkulieren. Ein ausgezeichnetes **Vergleichsportal** für Fernbusse findet man hier:

› www.kosokubus.com/en

Barrierefreies Reisen

Japan ist nicht das ideale Reiseland für Menschen mit körperlichen Einschränkungen. Ohne Begleitung wäre zum Beispiel einem Rollstuhlfahrer von einer Reise abzuraten. Auch wenn sich in den letzten 15 Jahren in Japan in Sachen Barrierefreiheit viel zum Besseren entwickelt hat, so sind die Grundstrukturen doch – besonders im Vergleich mit westeuropäischen Standards – noch deutlich **verbesserungsfähig.**

Auf einer Stelzentrasse rast der Shinkansen durch Kyoto

Die meisten **Bahnhöfe** und **U-Bahn-Stationen** verfügen zwar inzwischen über Fahrstühle, Rampen, behindertengerechte WCs und extrabreite Zugangsschranken, jedoch ist die **innerstädtische Architektur** außerhalb der Stationen nicht immer barrierefrei: Obwohl die **Ampeln** in Japan **akkustische Signale** aussenden, so machen zu enge Gänge in Geschäften, hohe Bordsteinkanten, beengte Hotelzimmer und die große Menschendichte im Innenstadtbereich körperlich Eingeschränkten das Erkunden schwer. In Kyoto kommen die oftmals überfüllten **Busse** hinzu, die z. B. selten für Rollstühle geeignet sind. Zudem sind viele Japaner den Umgang mit Behinderten, egal ob Einheimische oder Ausländer, nicht gewohnt. Da sie nicht wissen, wie sie sich angemessen verhalten, kommt es vor, dass sie diese einfach „übersehen". Geht oder rollt man jedoch proaktiv auf sie zu, sind sie vielfach sehr engagiert und die Unsicherheit weicht einer herzlich-freundlichen Hilfsbereitschaft.

Allgemeine **Infos**, Tipps für **barrierefreie Unterkünfte** und ein **Reiseforum** mit Fragen und Antworten liefert diese Website:

› www.accessible-japan.com

Diplomatische Vertretungen

- •109 **Botschaft der Bundesrepublik Deutschland,** 4-5-10, Minami-Azabu, Minato-ku, Tokyo, Tel. +81 357917700, https://japan.diplo.de/ja-de, geöffnet: Mo.-Fr. 8-11, Do. auch 14-16 Uhr
- •110 **Österreichische Botschaft,** 1-1-20 Moto Azabu, Minato-ku, Tokyo, Tel. +81 334518281, www.bmeia.gv.at/oeb-tokio, geöffnet: Mo-Fr. 9-12 Uhr
- •111 **Schweizerische Botschaft,** 5-9-12 Minami-Azabu, Minato-ku, Tokyo, Tel. +81 354498400, Helpline Tel. +41 800 247365, www.eda.admin.ch/tokyo, geöffnet: Mo.-Fr. 9-12 Uhr

Ein- und Ausreisebestimmungen

Deutsche, österreichische oder Schweizer Staatsbürger benötigen für die Einreise nach Japan einen gültigen **Reisepass**, ein Personalausweis ist nicht ausreichend! Bei der Einreise werden die **biometrischen Daten** erfasst, dabei werden ein Gesichtsfoto und Fingerabdrücke gespeichert. Im Anschluss erhält man direkt an der Grenzkontrolle einen kleinen **Aufkleber** in den Pass, der dem Besucher ein **90-tägiges Aufenthaltsrecht als „temporary visitor"** gewährt. Bei einem längeren Berufs- oder Studienaufenthalt muss man ein entsprechendes Visum bei der japanischen Botschaft im Heimatland beantragen.

Während des Aufenthalts in Japan muss der **Reisepass ständig mitgeführt** werden, bei Nichtbeachtung dieser Regel drohen harte Strafen.

Bei der Einreise gibt es **keine vorgeschriebenen Impfungen.**

Reisen **Kinder** nur mit einem Elternteil, kann sowohl bei der Ausreise als auch bei der Einreise eine **Einverständniserklärung des anderen Elternteils** erforderlich sein. Detailinfos erhält man beim Auswärtigen Amt und beim zuständigen Konsulat.

Bar-Devisen oder **Wertpapiere** dürfen bis zu einer Summe von einer Million Yen (knapp 8000 €) undeklariert eingeführt werden. **Lebensmittel** zum privaten Verzehr dürfen ins Land gebracht werden, jedoch sind Schweine- und Rindfleischerzeugnisse davon ausgenommen. Deren Einfuhr ist streng untersagt. **Detaillierte Infos** findet man hier:

› www.customs.go.jp/english/summary/passenger.htm

Elektrizität

Die **Netzspannung** in Japan beträgt nur 100 Volt und ist somit deutlich geringer als in Mitteleuropa (230 V). Jedoch sind heute fast alle technischen Geräte wie Handy, Digitalkamera oder Laptop mit Netzteilen ausgerüstet, die das Spektrum 100–230 Volt abdecken. Selbst wenn das Netzteil nicht für 100 Volt ausgelegt ist, wird es kaum zu einer Beschädigung des Geräts kommen – dann bläst der mitgebrachte Fön vielleicht nur mit halber Kraft.

Eine Besonderheit sind jedoch die **Steckdosen.** Die zweipoligen europäischen Stecker passen nicht in die japanischen Wandsteckdosen. Hier schafft ein **Adapter** *(adapta)* Abhilfe. Statt einen klobigen, häufig überteuerten Weltstecker-Adapter von zu Hause mitzubringen, ist der Kauf eines Adapters vor Ort einfacher und günstiger. Den gibt es in jedem Elektroladen, Medienkaufhaus und sogar in vielen 100-¥-Shops (s. S. 73) für umgerechnet 80 Ct. bis 4 €. Die **Typenbezeichnung** lautet **„SE zu A“** oder man zeigt einfach den heimischen Stecker vor. Manche Hotelrezeptionen verleihen Adapter an ihre Gäste, in modernen Hotels findet man auch USB-Ladeports im Zimmer.

Klimaanlagen und überirdische Stromleitungen prägen das Stadtbild

048ky-ld

Geldfragen

Währung und Zahlungsmittel

Die japanische Landeswährung ist der **Yen** (¥ bzw. JPY). Yen-Münzen gibt es im Nennwert von 1, 5, 10, 50, 100 und 500 Yen, während Banknoten im Wert von 1.000 ¥, 2.000 ¥, 5.000 ¥ und 10.000 ¥ im Umlauf sind.

Die Japaner lieben **Bargeld!** Auch wenn Japan ein topmodernes, digitales Land ist, so wird doch in 95 % der Fälle analog bezahlt. Deshalb sollte man immer eine ausreichende Zahl an Banknoten im Portemonnaie haben. Geschäfte und Restaurants nehmen teilweise keine **ausländischen Kreditkarten** an. Größere Hotelketten und moderne Einkaufszentren akzeptieren diese jedoch mehrheitlich. Ein weiteres Zahlungsmittel sind die **IC-Karten** (s. S. 126).

Selbstverständlich kann man sich vor Reiseantritt bei der **heimischen Bank** mit Yen-Noten eindecken, doch ist der Kurs dann oftmals schlechter. Auch muss der Wechselwunsch zum Teil vorher angekündigt werden, da nicht alle Bankfilialen ständig Yen vorrätig haben. Im Land der aufgehenden Sonne angekommen, bieten **Wechselstuben** an den internationalen Flughäfen die Möglichkeit, Bargeld zu tauschen. Der Umtausch von Euro-Noten oder Schweizer Franken stellt kein Problem dar. In Kyoto bieten größere Banken und die Filialen der Postbank den Geldwechsel ebenfalls an.

Deutlich einfacher und flotter geht das Geldabheben per Karte. **Debit-/Girocards (EC-Karten)** werden aber von vielen Automaten (mit Ausnahme der Postbank) nicht angenommen, weshalb die **Kreditkarten** von Visa oder Mastercard zu empfehlen sind.

Wechselkurs

1 €	122 ¥
1 ¥	0,008 €
1 SFr	109 ¥
1 ¥	0,009 SFr

(Stand: Sommer 2019)

Mit Letzteren ist die Abhebung nicht nur bei regulären Banken möglich, sondern auch in den allgegenwärtigen **Konbinis**, den Mini-Supermärkten: In den meisten Filialen von Seven-Eleven, Family Mart oder Lawson findet man nämlich **Geldautomaten** (ATMs). Diese lassen sich auf Englisch oder oft auch auf Deutsch umstellen. Die **Abhebegebühr** liegt bei 108 ¥ oder 216 ¥ (bei Summen ab 20.000 ¥), hinzu kommen die **Transaktionskosten**, welche die heimische Bank in Rechnung stellt und die meist 5–10 € bzw. einen festen Prozentsatz von der Abhebesumme betragen.

Debitkarten (Girocard)

Viele Banken sperren die Debitkarten (Girocard) aus Sicherheitsgründen für den **Einsatz im außereuropäischen Ausland** oder beschränken den Verfügungsrahmen. Außerdem statten einige deutsche Banken ihre Debitkarten mit der Bezahlfunktion **VPAY** aus, bei der nicht der kopierbare Magnetstreifen, sondern der Chip ausgelesen wird. Das hat zur Folge, dass an Bankautomaten in Japan mit solchen Karten kein Geld gezogen werden kann, da die Automaten die Chips nicht lesen können.

Wer im Ausland mit seiner Debitkarte bezahlen oder Bargeld abheben möchte, sollte sich im Vorfeld bei seiner Bank erkundigen und die Karte ggf. für das Reiseland freischalten lassen.

Umrechnungskurs am Geldautomaten

Beim Abheben von Bargeld in Landeswährung wird manchmal angeboten, dass die Abrechnung mit dem eigenen Konto in Euro erfolgen kann. Das Verfahren ist als **Dynamic Currency Conversion (DCC)** bekannt. Wählt man diese Option, die ja sicherer erscheint, wird aber ein ungünstiger Wechselkurs zugrunde gelegt, der erhebliche Kosten verursachen kann. Deshalb sollte man Abhebungen immer in der Landeswährung vom eigenen Konto abbuchen lassen. Dann legt die eigene Bank den offiziellen Devisenkurs zugrunde.

Kyoto preiswert

- *Eine* ***Stadtrundfahrt mit den Raku-Bussen*** *(s. S. 125): Zum Preis einer normalen Busfahrt decken sie die wichtigsten Sehenswürdigkeiten Kyotos ab.*
- ***Shoppen im 100-¥-Shop:*** *Hier kann man seine Einkaufstaschen für wenig Geld füllen, denn jedes Produkt kostet umgerechnet nur rund 80 Cent (s. S. 73).*
- *Die Stadt auf eigene Faust mit dem* ***Mietrad*** *erkunden: ein tolles Miniabenteuer für umgerechnet weniger als 10 € (Details s. Radfahren S. 110)*
- *Ein* ***Abendessen in einer 280-¥-Bar:*** *sich einmal für kleines Geld durch die Karte futtern (s. S. 61)*
- *Eine Stadtführung mit den Freiwilligen von* ***Kyoto Free Walking Tour*** *(s. S. 115) kostet nichts (außer ein kleines Trinkgeld) und ist ebenso informativ wie unterhaltsam.*

Preise und Kosten

Japan ist seit einigen Jahren **kein teures Reiseland** mehr, auch wenn das bisher noch nicht nach Europa durchgedrungen zu sein scheint. Im deutschsprachigen Raum gilt die Gleichung „Japan = teuer“ quasi seit Jahrzehnten als mathematische Gesetzmäßigkeit. Doch das stimmt inzwischen nicht mehr: Zu Zeiten des japanischen Wirtschaftsbooms und der „Bubble Economy“ in den späten 1980er-Jahren traf dies zweifelsohne zu, allerdings ging die Entwicklung mit dem ökonomischen Kollaps 1990 in die umgekehrte Richtung – und das seit nunmehr drei Jahrzehnten. Die ökonomische Stagnation, gepaart mit einer Inflationsrate von 0 % oder Jahren der Deflation, haben sich für ausländische Besucher spürbar positiv auf die Reisekosten ausgewirkt.

In der Summe lässt sich sagen, dass man ein **ähnliches Preisniveau wie in Deutschland** hat, wobei vor allem **Fahrscheine** der öffentlichen Nahverkehrsmittel und **Eintrittsgelder** zu Museen und Sehenswürdigkeiten günstiger sind. In **Restaurants** bewegt sich die Rechnungshöhe – selbstverständlich abhängig von der Güte der Speisestätte – in einem ähnlichen Preissegment wie daheim. Auch die innerstädtischen **Hotelpreise** sind durchaus vergleichbar, wobei jedoch zu beachten ist, dass die Zimmergröße in Japan deutlich geringer ausfällt und günstige Einzelzimmer oft die Ausmaße einer mitteleuropäischen Abstellkammer aufweisen.

Hygiene wird in Japan großgeschrieben: Für den Besuch der Toilette stehen WC-Schlappen bereit

Hygiene

Tief in der japanischen Kultur verankert ist ein **penibles Sauberkeitsbedürfnis,** das sich in allen Lebensbereichen widerspiegelt. So lehnt etwa der Shintoismus jegliche Art der Beschmutzung radikal ab und pflegt Reinigungszeremonien als elementaren Bestandteil der Shintō-Liturgie. Nicht grundlos steht im Eingangsbereich eines Shintō-Schreins stets ein Wasserbecken *(chōzubachi),* in dem sich die Besucher vor Betreten des Heiligtums die Hände reinigen und den Mund ausspülen.

Die **Sanitäranlagen** des Landes sind zu 99 % picobello sauber – nicht ein Papierschnipsel oder Dreckkrümel sind zu erspähen. Positiv hervorzuheben ist auch die hohe Dichte an **öffentlichen WCs** im städtischen Raum.

Obwohl Japan kaum über öffentliche Mülleimer verfügt, findet man im Straßenbild keinerlei **Müll:** Die Japaner nehmen ihren Abfall, den sie unterwegs produzieren, immer mit nach Hause und entsorgen ihn dort.

Selbstverständlich findet sich dieses ausgeprägte Hygienedenken auch in Restaurants, Imbissen und sonstigen Speisestätten.

Das **Leitungswasser** kann im gesamten Land bedenkenlos getrunken werden. Da es jedoch im Abgang oft mit einer leichten Chlornote einhergeht, ziehen viele Einheimische und Besucher das an jeder Ecke zu kaufende Wasser in Plastikflaschen vor.

Informationsquellen

Infostellen zu Hause

› **Japanisches Fremdenverkehrsamt,** Kaiserstr. 11, 60311 Frankfurt am Main, Tel. 069 20353, www.jnto.de, geöffnet: Mo.–Fr. 9–17 Uhr (Tel. nur bis 12.30 Uhr), zuständig für Deutschland, Österreich und die Schweiz

Infostellen in der Stadt

Da Japan ein ausgesprochen serviceorientiertes Land ist, verwundert die **hohe Dichte an Infostellen** in Kyoto

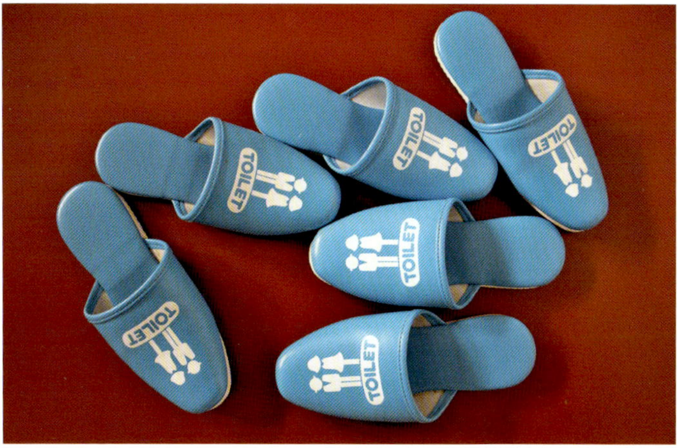

054ky-ld

055ky-ld

nicht: Ob Kaufhaus oder Bahnhof – fast jede größere Institution verfügt über eine zentrale Infostelle. Jedoch ist deren Nutzen für ausländische Besucher teilweise begrenzt, da sie nur ihr Spezialwissen anbieten können. Umfassende, themenübergreifende Fragen kann man in folgenden Infozentren klären:

- **112** [B7] **Kyoto Tourist Information Center,** Kyoto Station **1**, 2. OG (direkt neben dem Isetan-Kaufhaus), Tel. +81 75 3430548, www.kyototourism.org/en/travel-info/tourist-info-centers, geöffnet: tägl. 8.30–19 Uhr. Die freundlichen Mitarbeiter der zentralen Touristeninfo sind alle mehrsprachig, ausgesprochen hilfsbereit und kompetent. Ob Fragen zu Verkehrsverbindungen, Öffnungszeiten, Unterkünften oder Kalligrafie-Kursen – hier gibt es immer eine fundierte Antwort. Dazu Stadtpläne, Bus-Routenpläne, Infobroschüren und Flyer jeglicher Art (meist kostenlos) sowie Eintrittskarten und Fahrscheine.
- **113** [C7] **Kansai Tourist Information Center Kyoto,** Kyoto Tower **2**, 3. OG, Tel. +81 75 3410280, www.tourist-information-center.jp/kansai/en/kyoto, geöffnet: tägl. 10–18 Uhr. Kansai bezeichnet den Großraum der Städte Osaka, Kobe und Kyoto. Deshalb ist diese Informationsstätte besonders geeignet für Fragen, die über die Stadtgrenze Kyotos hinausgehen. Fahrscheine, Hotelinfos oder spezielle Restaurant-Tipps sind hier ebenso erhältlich.
- **114** [D4] **Kawaramachi Sanjo Tourist Information Center,** Ebisu-chō 427, Nakagyō-ku, Tel. +81 75 2131717, https://tic.jnto.go.jp/detail.php?id=3165, geöffnet: tägl. 10–18 Uhr. Zentrale, mitten im kommerziellen Zentrum der Stadt gelegene Touristeninfo ganz in der Nähe der U-Bahn-Station Kyoto Shiyakusho-mae (Tōzai-Linie).

Kyoto im Internet

- **https://kyoto.travel:** Die offizielle Seite des Kyotoer Fremdenverkehrsamtes ist auch auf Deutsch verfügbar und bietet komprimierte Informationen zu etlichen touristisch relevanten Themen.
- **www.jnto.de:** Das japanische Fremdenverkehrsamt präsentiert auf seinen Seiten viele Facetten Japans und Kyotos. Mit praktischen Tipps zum Reisen und aktuellen Nachrichten (auch auf Deutsch).

Gut informiert: In Kyoto sind Wegweiser fast immer zweisprachig

- **www.kansaiscene.com:** Diese englischsprachige Internetpräsenz bietet vielfältige Infos zu den Themen Reisen, Gastronomie, Kultur, Filme und Kunst im Großraum Osaka, Kobe und Kyoto.
- **https://kansaifinder.com:** Aktuelle Veranstaltungen in den Bereichen Musik, Tanz, Theater, Ausstellung oder Show in der Region Kansai können mit thematischen und zeitlichen Filtern ausgewählt werden (auf Englisch).

Smartphone-Apps

- **Earthquake Alert!:** Diese App informiert über Erdbeben. Eine Sortierung ist nach Stärke und/oder Region möglich und man kann z. B. die stärksten Erdbeben der letzten 24 Stunden abrufen (gratis für Android, Alternative für iOS: QuakeFeed Earthquake Alerts).
- **Google Übersetzer:** Mithilfe der Handykamera übersetzt diese App japanische Schriftzeichen, was z. B. bei Speisekarten sehr nützlich sein kann. Es funktioniert zwar nicht perfekt, ist aber immer eine gute Hilfe. Tipp: Die Übersetzung ins Englische ist zuverlässiger als die ins Deutsche (gratis für Android und iOS).
- **HyperDia:** In Echtzeit bietet diese App alle innerjapanischen Verbindungen von Fernzügen, Lokalzügen, U-Bahnen und Privatbahnen. Einziges Manko: Die Bahnhofsnamen müssen inkl. eines möglichen Bindestrichs korrekt eingegeben werden (gratis für Android und iOS).
- **Japan Travel (by Navitime Japan):** die Eier legende Wollmilchsau unter den Japan-Apps, deren Spektrum von Vulkan-Warnungen bis zum nächsten Gepäckschließfach reicht. Sowohl zur Reisevorbereitung als auch vor Ort geeignet (gratis für Android und iOS).
- **Kyoto Bus Checker:** ausgesprochen hilfreiche App, um sich im Dschungel der Kyotoer Buslinien zurechtzufinden (gratis für Android)

Meine Literatur- und Filmtipps

- ***Die Fremdenversteher. So sind sie, die Japaner,*** *Reise Know-How Verlag 2017, 8,90 €. Unterhaltsame, teilweise zugespitzte Charakterisierungen „der Japaner“ und ihres Alltags.*
- ***Die Ladenhüterin,*** *Sayaka Murata, Aufbau Verlag 2018. Murata skizziert das Arbeitsleben in einem der typischen japanischen Konbinis, der allgegenwärtigen, 24 Stunden geöffneten Mini-Supermärkte. Die Protagonistin Keiko ist eine Außenseiterin, die sich aber im festen Rahmen ihres Ladens wohl fühlt. Eine Lebens- und Liebesgeschichte, gepaart mit humorvoller Kritik an der japanischen Gesellschaft des 21. Jh.*
- ***Lost in Translation,*** *Film von Sophia Coppola (2003), mit Bill Murray und Scarlett Johansson in den Hauptrollen. Eine platonische Liebesgeschichte zwischen einem alternden Hollywood-Star und einer jungen Ehefrau, die sich zufällig treffen und Tokyo entdecken. Mit viel Situationskomik und ostwestlichen Missverständnissen. Absolut sehenswert, besonders nach einer Japan-Reise.*
- ***Your Name,*** *Anime-Film von Makoto Shinkai (2016). Unterhaltsamer, wundervoll gezeichneter und atmosphärisch dichter Anime, in dem zwei japanische Teenager ihre Körper tauschen. Durch die unterschiedlichen Abstraktionsebenen ist der Film für Kinder und Erwachsene gleichermaßen geeignet.*

- **MAPS.ME:** Der große Vorteil dieser App ist die Möglichkeit, sich z. B. die Karten der gesamten Präfektur Kyoto (oder ganz Japans) auf das Handy zu laden und diese dann offline nutzen zu können – nur GPS zuschalten und man kann sich problemlos ohne zusätzlichen Datenverbrauch orientieren (gratis für Android und iOS).

Internet

Da das **Datenroaming** in Japan mit ausländischen Handys sehr teuer ist und oftmals mit mehreren Euro pro Megabyte zu Buche schlägt, sollte man die eigene SIM-Karte nur in Not- oder Sonderfällen für den Datentransfer freischalten.

Zum Glück ist Japan ein Land mit modernster digitaler Infrastruktur und der nächste **WLAN-Router** nie weit entfernt. Alle **Hotels** haben heutzutage den kostenlosen Internetzugang im Zimmerpreis inkludiert (meist Passworteingabe nötig). Unterwegs stellt sich die Situation ein wenig komplexer dar, auch wenn z. B. fast alle **Bahnhöfe** und **U-Bahnstationen** einen freien Netzzugang anbieten. Das Gleiche gilt für große **Kaufhäuser, Restaurants** und **Cafés.** Viele der kleinen **Konbinis** (Mini-Supermärkte), die quasi an jeder zweiten Straßenecke zu finden sind, bieten ebenfalls die kostenlose Nutzung ihrer Router an.

Will man jedoch durchgehend Netzzugriff haben und dabei nicht gerade Unsummen investieren, bieten sich vor Ort zwei gängige Alternativen an:

Mobile Router („Pocket Wifi") von der Größe einer Zigarettenpackung, die mit einer Akkuladung locker 24 Stunden durchhalten, kann man in Japan an allen großen Flughäfen mieten. Für 800–1000 Yen (6,50–8 €) pro Tag erhält man – je nach Anbieter – ein großes bis unbegrenztes Datenvolumen. Der Router kann gleichzeitig von mehreren Personen parallel genutzt werden oder man verbindet Handy und Laptop zeitgleich. Am Ende der Reise gibt man den Router einfach wieder am Flughafen ab und die Rechnung wird von der Kreditkarte abgebucht – ausgesprochen zuverlässig und einfach.

Eine weitere Möglichkeit stellen spezielle **japanische SIM-Karten** dar, die für ausländische Besucher konzipiert wurden. An allen internationalen Flughäfen und in großen Elektrokaufhäusern kann man sie an Schaltern oder Automaten erstehen. Die Preise beginnen ab 2500 Yen (ca. 20 €), die Angebote variieren je nach Nutzungsdauer und Datenvolumen: z. B. sieben Tage mit tägl. 200 MB oder 5 GB für 14 Tage usw. Die Karten liefern allerdings **nur Datenvolumen** und können **nicht zum Telefonieren** genutzt werden. Empfehlenswert sind etwa diese beiden Anbieter:

- **Japan Travel SIM:** https://t.iijmio.jp/en
- **Sakura Mobile:** www.sakuramobile.jp

Medizinische Versorgung

Die medizinische Versorgung in Japan erfolgt fast ausschließlich über **Krankenhäuser**, da das Prinzip der niedergelassenen Ärzte unbekannt ist. Der medizinische Standard ist mit dem mitteleuropäischen vergleichbar. Insbesondere in größeren Städten wie Kyoto findet man oft medizinisches Fachpersonal, das zumindest Englisch spricht, auch wenn die interne Suche nach den fremdsprachigen

Ärzten im Krankenhaus manchmal etwas dauert.

Einen ersten Überblick über **englischsprachige Ärzte** liefert diese Website (über das Kontaktformular unten kann man direkt anfragen):

› https://japanhealthinfo.com/how-do-i-find-an-english-speaking-doctor

Eine detailliertere Suche nach Region und medizinischer Fachrichtung ermöglicht diese Seite:

› www.jnto.go.jp/emergency/eng/mi_guide.html

Der Abschluss einer **Auslandskrankenversicherung** ist ein Muss. Eine medizinische Behandlung muss grundsätzlich vor Ort beglichen werden. Dabei sollte man sich unbedingt eine **Quittung** ausstellen lassen, um sich nach der Rückkehr die Kosten erstatten zu lassen. Der **Basispreis** für eine medizinische Untersuchung beträgt ca. 12.500 ¥ (ca. 100 €), zuzüglich möglicher Sonderuntersuchungen und Medikamente.

Bei Notfällen steht einem selbstverständlich die jeweilige **Botschaft** mit Rat und Tat zur Seite (s. S. 97).

Folgende **Krankenhäuser** in Kyoto haben ein breites medizinisches Spektrum und eine gute Reputation:

⊕115 [ej] **Japanese Red Cross Kyoto Daiichi Hospital,** 749 Honmachi 15-chōme, Higashiyama-ku, Tel. 075 5611121, www.kyoto1-jrc.org (nur auf Japanisch)

⊕116 [E2] **Kyoto University Hospital,** 54 Kawaharachō, Syogoin, Sakyō-ku, Tel. 075 7513111, www.kuhp.kyoto-u.ac.jp/english/index.html

Die japanischen **Apotheken** (*yakkyoku*) verfügen über alle gängigen Medikamente und sind meist mit einem **grünen Kreuz** gekennzeichnet. Es gilt jedoch eine **Rezeptpflicht** und die Sprachbarriere sowie die abweichenden Bezeichnungen von Medikamenten sind nicht zu unterschätzen. Deshalb sollten Präparate, die regelmäßig eingenommen werden müssen, in ausreichender Menge von zu Hause mitgebracht werden. Hier zwei zentrale Filialen:

⊕117 [C7] **Mataui Pharmacy,** Zaimokuchō 478, Shimogyō-ku, Tel. 075 3714193, www.4193.co.jp, geöffnet: Mo.–Sa. 9–21 Uhr. Große Apotheke, die sich nur wenige Gehminuten von Kyoto Station ❶ entfernt befindet.

⊕118 [B7] **Sunplaza Pharmacy,** Higashishiokōjichō 841–15, Shimogyō-ku, Tel. 075 3653353, www.sun-plaza.co.jp/store/kyoto_03.html, geöffnet: Mo.–Fr. 9–19, Sa. 9–17 Uhr. Ebenfalls in der Nähe des Hauptbahnhofs gelegen.

Mit Kindern unterwegs

Abgesehen vom langen Interkontinentalflug ist Japan ein hervorragendes Reiseziel für Eltern und ihre Kinder. Die Japaner sind im Allgemeinen ausgesprochen **kinderfreundlich.** Oftmals eröffnen Kinder schon allein durch ihre Anwesenheit sonst verschlossene interkulturelle Türen oder ermöglichen eine Kommunikation mit den Einheimischen. „Exotisch" blonde Kinder aus dem Westen sind für die Japaner oft einfach nur „kawaii" – „so süß".

Dem steht die **kindgerechte Infrastruktur** in nichts nach. In fast jeder öffentlichen Toilette gibt es einen separaten Raum mit **Wickeltisch** und ausreichend Bewegungsfreiheit, im Damen-WC befindet sich häufig ein kleiner Kinderstuhl, in dem das Kind „zwischengeparkt" werden kann, während die Mutter ihren Bedürfnissen nachgeht (teilweise auch für Väter vorhanden). Fast alle Supermärkte und Konbinis bieten **Windeln** zum Verkauf an.

Häufig fahren Kinder unter 6 Jahren im Zug **gratis** mit oder können kostenfrei im Hotel übernachten. Kinder zwischen 7 und 12 Jahren zahlen im Hotel oft die Hälfte vom Erwachsenenpreis.

Erfahrungsgemäß ist die kindliche Begeisterung für Tempel, Schreine oder Kunstmuseen eher übersichtlich. Die folgenden **Attraktionen** sind jedoch definitiv für den Nachwuchs (und sicherlich auch so manches Elternteil) geeignet:

› **Iwatayama Monkey Park** (s. S. 48): In dem populären Affenpark trifft man auf frei lebende Japanmakaken.

★119 [A7] **Kyoto Aquarium,** im Umekoji-Park (s. S. 108), 35-1 Kankijichō Kyoto, Shimogyō-ku, Tel. 075 3543130, www.kyoto-aquarium.com, geöffnet: tägl. 10–18 Uhr, Eintritt: 2050 ¥, Kinder ab 3 Jahren 600 ¥, diverse Buslinien bis Haltestelle Nanajo-Ōmiya/Kyoto Aquarium oder 15 Min. zu Fuß ab Kyoto Station. Einen faszinierenden Einblick in die Unterwasserwelt gewinnt man im Aquarium. Die Tierwelt reicht von verspielten Seehunden, lustigen Pinguinen und scheinbar schwebenden Südseequallen bis hin zu den monströsen Japanischen Riesenkrabben.

› **Kyoto International Manga Museum** (s. S. 54): genau das Richtige für Fans der weltberühmten japanischen Comics

› **Kyoto Railway Museum** (s. S. 55): Das Eisenbahnmuseum skizziert anschaulich die Entwicklung des Schienenverkehrs in Japan von den ersten Dampflokomotiven bis hin zur neusten Shinkansen-Generation – und im Ringlokschuppen stehen historische Loks zum Anfassen!

★120 [F3] **Kyoto City Zoo,** Okazaki Hoshojichō, Sakyō-ku, Tel. 0771 0210, www5.city.kyoto.jp/zoo/lang/en, geöffnet: März–Nov. Di.–So. 9–17, Rest des Jahres bis 16.30 Uhr, Eintritt: 600 ¥, Kinder unter 16 Jahren gratis, Buslinien 5, 32 und 100 (Raku-Bus) bis Halte-

056ky-ld

stelle Doubutsuen-Mae oder U-Bahn (Tōzai-Linie) bis Keage. Der 2014/15 runderneuerte Zoo von Kyoto ist für viele Kyoto-Besucher eine unterhaltsame Abwechslung. Selbstverständlich trifft man hier auf die berühmten Tiere Afrikas wie Löwe, Tiger, Elefant und Giraffe, aber auch auf eine Vielzahl an Affenspezies inklusive der imposanten Gorillas. Im Tropenhaus wird man von Würgeschlangen und Krokodilen begrüßt, während man im Streichelzoo den Ziegen, Eseln und den bei Kindern besonders populären Meerschweinchen näherkommen darf. Vom Retro-Riesenrad (200 ¥) im Zentrum des Tierparks gewinnt man einen schönen Überblick. Ein angeschlossenes Restaurant lädt zu Speis und Trank ein, im Zoo-Shop kann man die Tiere in Plüschform erstehen.

★**121** [E4] **Ninja VR Kyoto,** 545 Furukawachō, Higashiyama-ku, Tel. 075 2052798, http://ninjavrkyoto.jp, geöffnet: Mi.–Mo. 11–21 Uhr, Eintritt: Kinder ab 2000 ¥ bis 3500 ¥, Erw. ab 3000 ¥ bis 5500 ¥, U-Bahn (Tōzai-Linie) bis Haltestelle Higashiyama. Einmal das Schwert führen wie ein Ninja oder in deren legendäres Blasrohr *(fukiya)* pusten? In dieser Hightech-Vergnügungsstätte kommen die archaischen Waffen des Mittelalters und die Virtual-Reality-Technik des 21. Jh. in Form von VR-Brillen zusammen.

★**122** [bh] **TOEI Kyoto Studio Park,** 10 Uzumasa Higashihachiokachō, Ukyō-ku, Tel. 075 8647716, www.toei-eigamura.com, geöffnet: März–Nov. tägl. 9–17, Dez.–Feb. tägl. 9.30–17 Uhr, Eintritt: 2200 ¥, Kinder ab 3 Jahren 1100 ¥, diverse Busse

EXTRATIPP

Zocken wie die Japaner

Typischer gehts kaum: Die **Spielhalle** hat fast rund um die Uhr geöffnet, auf mehreren Etagen geht es laut und sehr bunt zu. Das Angebot reicht von Bowling, Karaoke, Billard, Darts bis hin zu den unglaublichsten Arkade-Spielgeräten, die man zumindest einmal gesehen haben sollte. Sehr schräg sind auch die besonders bei Teenagern beliebten **Fotoboxen** *(prokura),* in denen **Selfie-Aufkleber** mit den verrücktesten Dekorationen erstellt werden können.

•**124** [D4] **Round1 Kawaramachi,** 250 Yamazaki-chō, Kawaramachi-dori Sanjo Sagaru, Nakagyō-ku, Tel. 075 2138400, www.round1.co.jp/shop/tenpo/kyoto-kawaramachi-eng.html, geöffnet: Mo. 8–6, Di.–Do. 9–6 Uhr, Fr.–So. 24 Std.

057ky-ld

◁ *Dinos gibt es im Kyoto City Zoo nur als Stoffrucksack*

▷ *Spielhallen oder „-höllen" sind Teil der japanischen Alltagskultur*

oder JR Sagano-Linie bis Uzumasa oder Hanazono, alternativ Keifuku-Randen-Tram bis Haltestelle Uzumasa Koryuji. Hier kann man sich zurückversetzen lassen in das Tokyo der Edo-Zeit: Der Nachbau eines ganzen Stadtviertels stellt den Kern der Anlage dar. Filmsequenzen werden nachgespielt (und teilweise gefilmt), alle Akteure tragen historische Kostüme. So sollte man sich nicht wundern, wenn plötzlich ein grimmig dreinschauender Samurai um die nächste Ecke biegt. Showacts mit schwingenden Schwertern und Ninjakämpfer, die sich von Dächern abseilen, sorgen für Kurzweil. Zusätzliche Attraktionen sind das Geisterhaus (plus 500 ¥) oder eine Kurzausbildung zum Ninja (plus 500 ¥). Kein Problem, wenn man kein Japanisch versteht, da das Gros der Auftritte und Attraktionen selbsterklärend ist.

★123 [A7] **Umekoji-Park,** Shimogyō-ku, 15 Min. zu Fuß von Kyoto Station, geöffnet: tägl. 24 Std. Der Umekoji kann ästhetisch sicherlich nicht mit den elaborierten Gartenanlagen Kyotos mithalten, aber er ist ein populäres Freizeitareal der Anwohner. Hier trifft man auf Jogger, Hobby-Baseball- und Fußballspieler sowie viele Familien mit Kindern, die den zentralen Spielplatz besuchen oder in den flachen künstlich angelegten Wasserläufen spielen. Ruhige Wege durchs Grün laden zu Spaziergängen ein. Im Herbst werden die bunt gefärbten Ahornbäume jeden Abend feierlich illuminiert.

Notfälle

Notrufnummern

- **Polizei:** Tel. 110
- **Feuerwehr und Krankenwagen:** Tel. 119 (in Kyoto verknüpft mit einem Dolmetscher-Service u. a. für Englisch, Spanisch und Portugiesisch)

Polizei

Die **japanische Polizei (Koban)** ist allgegenwärtig. In fast jedem Stadtviertel der Innenstadt gibt es eine Polizeidienststelle, die teilweise nur aus einem winzigen Büro mit zwei bis drei Polizisten besteht. Allein in Kyoto gibt es über 190 dieser Mini-Dienststellen. Die *koban* stehen bei Notfällen, aber auch bei Alltagsfragen hilfreich zu Seite. Eine zentral gelegene Dienststelle befindet sich an der nördlichen Seite der Kyoto Station ❶, direkt vor dem Granvia-Hotel:

125 [C7] **Polizeibüro (Koban Simogyo Kyoto Station),** Tel. 075 3527110, geöffnet: 24 Std.

Kartensperrung

Bei **Verlust der Debit-/Giro-, Kredit- oder SIM-Karte** gibt es für Kartensperrungen eine **deutsche Zentralnummer** (unbedingt vor der Reise klären, ob die eigene Bank bzw. der jeweilige Mobilfunkanbieter diesem Notrufsystem angeschlossen ist). **Aber Achtung:** Mit der telefonischen Sperrung sind die Bezahlkarten zwar für die Bezahlung/Geldabhebung mit der PIN gesperrt, nicht jedoch für das **Lastschriftverfahren mit Unterschrift.** Man sollte daher auf jeden Fall den Verlust zusätzlich bei der Polizei zur Anzeige bringen, um gegebenenfalls auftretende Ansprüche zurückweisen zu können.

In **Österreich** und der **Schweiz** gibt es keine zentrale Sperrnummer, daher sollten sich Besitzer von in diesen Ländern ausgestellten Debit- oder Kreditkarten vor der Abreise bei ihrem Kreditinstitut über den zuständigen Sperrnotruf informieren.

Generell sollte man sich immer die **wichtigsten Daten** wie Kartennummer und Ausstellungsdatum **separat notieren**, da diese unter Umständen abgefragt werden.

- **Deutscher Sperrnotruf:** Tel. +49116116 oder Tel. +493040504050
- **Weitere Infos:** www.kartensicherheit.de, www.sperr-notruf.de

Fundsachen

Beim Verlust von Gegenständen in **öffentlichen Verkehrsmitteln** wendet man sich direkt an die Betreibergesellschaft des Zuges, Busses oder Taxis (s. S. 123) und nicht an die Polizei, die nur für den öffentlichen Raum zuständig ist. Vermutlich gibt es weltweit kein Land, in welchem die Chancen, Verlorenes wirklich zurückzubekommen, so gut stehen wie in Japan. Selbst einfache Plastikregenschirme werden von den ehrlichen Findern in den Fundbüros abgeliefert.

Öffnungszeiten

Ein Ladenschlussgesetz kennen die Japaner nicht. Vielmehr sind die Öffnungszeiten, vor allem im kommerziellen Bereich, sehr kundenfreundlich und fast alle **Geschäfte** und **Kaufhäuser** haben sieben Tage in der Woche geöffnet. Dabei liegt die Kernzeit zwischen 10 und 20 Uhr. Ein Sonderfall sind **Supermärkte** und **Konbinis** wie 7-Eleven, Family Mart oder Lawson, die 365 Tage im Jahr 24 Stunden geöffnet haben – die Rettung bei nächtlichem Hunger oder Durst. Ebenso gibt es größere **Restaurant- und Fast-Food-Ketten** (s. S. 67), die ihre Gäste rund um die Uhr bewirten.

Büros, Ämter und **Postfilialen** haben in der Regel werktäglichen Publikumsverkehr von 9 bis 17 Uhr, während **Banken** ihre Türen unter der Woche zwischen 9 und 15 Uhr öffnen und Sa./So. geschlossen haben. Zu den Öffnungszeiten von **Museen:** s. S. 55.

Post

Die japanische Post gilt als ausgesprochen effizient und zuverlässig. Ihre Institutionen – vom Hauptpostamt bis hin zum Briefkasten – sind mit dem **Symbol** „〒" gekennzeichnet. Per Luftpost kostet eine **Postkarte** nach Europa 70 ¥ (Standardbrief 110 ¥) und benötigt für die Reise fünf bis sechs Tage. Pakete mit Airmail-Aufkleber sind ähnlich flott unterwegs. Beim Paketversand kann man auch die preiswertere Option SAL-Paket wählen, diese werden nur bei Freikapazitäten im Flugzeug mitge-

058ky-ld

› *Immer rot-weiß: japanische Briefkästen*

nommen (zwei Wochen Zustelldauer). Noch günstiger versendet man Pakete per Seefracht, muss sich dann aber auf eine Wartezeit von 4 bis 12 Wochen einstellen.

⊠**126** [B7] **Hauptpost Kyoto,** 843-12 Higashi Shiokoji-chō, Shimogyō-ku, geöffnet: Mo.-Fr. 9-21, Sa./So. 9-19 Uhr. Die Geldautomaten im Gebäude sind 24 Std. zugänglich.

Radfahren

Asiatische Großstädte sind oftmals auf den Pkw-Verkehr und/oder öffentliche Verkehrsmittel zugeschnitten; die Vorstellung eines gut ausgebauten Radwegenetzes ist eher in der Rubrik Science-Fiction angesiedelt. Obwohl diese Charakteristika auch teilweise auf Kyoto zutreffen, ist die Stadt trotzdem ausgesprochen gut per Rad zu erkunden. Sie ist zwar auf drei Seiten von Bergen umgeben, aber der **Innenstadtbereich** ist **flach** wie der Boden einer Reisschüssel und ermöglicht entspanntes Radeln ohne schweißtreibende Anstiege.

Es gibt nur wenige explizit ausgewiesene **Radwege,** absolut lohnenswert sind die **Radtrassen beiderseits des Kamo-Flusses** [D1-7]. Das Gros des Zweiradverkehrs nutzt die **Bürgersteige** zusammen mit den Fußgängern. Auch wenn dies nach der japanischen Straßenverkehrsordnung für Erwachsene zwischen 14 und 69 Jahren nicht zulässig ist, wird es doch allerorten praktiziert und die Polizei greift de facto nicht ein. Da sich Fußgänger und Radler die Wege teilen, sollten Letztere besonders aufmerksam und defensiv fahren. Eine Klingel am Lenker vereinfacht das Radeln sehr, jedoch sollte das akustische Signal nur sehr bedächtig eingesetzt werden, weil man von den Einheimischen sonst als rücksichtsloser Rüpel wahrgenommen wird.

059ky©Horticulture - stock.adobe.com

In einigen Bereichen der Stadt müssen jedoch auch Radler **auf die Straße ausweichen.** Achtung, in Nippon herrscht **Linksverkehr** und wer als Radfahrer auf der falschen Straßenseite fährt, muss mit einer empfindlichen Strafe rechnen: 20.000 ¥ oder bis zu 30 Tage Gefängnis!

Einen guten Überblick über das Radfahren in Kyoto kann man sich auf dieser **Website** verschaffen – sie liefert etliche attraktive, detailliert ausgearbeitete Routenvorschläge und Ideen, um die Metropole auf eigene Faust mit dem Rad zu erkunden:

› www.cyclekyoto.com

Es gibt in Kyoto mehrere **Fahrradverleiher,** die Zweiräder auf Tages- oder Wochenbasis vermieten. Für einfache Stadträder mit 1–3 Gängen muss man mit 1000 ¥, für gut ausgestattete Mountainbikes mit 1500 ¥ und für E-Bikes mit 1800–2000 ¥ pro Tag rechnen. Einige der Anbieter haben zudem **geführte Radtouren** im Programm:

S127 [B7] **Kyoto Cycling Tour Project,** 552-13 Higashiaburanokojichō, Shimogyō-ku, Tel. 075 3543636, www.kctp.net, geöffnet: tägl. 9–18 Uhr. Die Zentrale von KCTP logiert nur fünf Gehminuten entfernt von Kyoto Station ❶, vier weitere Filialen sind über das Stadtgebiet verteilt (s. Website). Neben dem klassischen Radverleih werden sechs geführte Rundtouren mit Englisch sprechendem Guide angeboten. Der Preis ist jeweils abhängig von der Teilnehmerzahl, mit mehreren Radlern wird es pro Kopf preiswerter.

S128 [dj] **Kyoto Eco Trip,** 58 Higashikujo-Muromachi, Minami-ku, Tel. 075 6910794, https://kyoto-option.com/english, geöffnet: tägl. 9–18 Uhr. Das Hauptbüro von Eco Trip befindet sich ganz in der Nähe des südlichen Ausgangs von Kyoto Station, aber auch am Kyoto Tower ❷ und in Kawaramachi gibt es Ausleihstationen. Die geführte Stadttour dauert 3,5 Std. und kostet 7000 ¥ pro Person. Sehr praktisch zur Vorbereitung von Exkursionen auf eigene Faust ist eine Karte mit Tourenvorschlägen, die man hier herunterladen kann: https://kyoto-option.com/english/map/#PDF.

S129 [C6] **Miyabiya Rent-a-bike,** 323 Kamijyuzuya-machi, Shimogyō-ku, Tel. 075 3547060, https://k-miyabiya.jp/e-index.html, geöffnet: tägl. 8.30–19 Uhr. Ebenfalls in Gehweite vom Hauptbahnhof hat Miyabiya einen besonderen Deal im Angebot: Am Tag 1 ab 15.30 Uhr mieten und am Tag 2 bis 19 Uhr nutzen – alles zum Preis von einem regulären Miettag.

EXTRATIPP

Radverleih mit GPS

Seit 2018 gibt es auch in Kyoto die Möglichkeit, sich an **festen Ausleihstationen** per **Smartphone-App** ein Rad auszuleihen. Im Laufe des Jahres 2019 soll das Netz auf 50 Stationen und 500 Leihräder ausgebaut werden. Grundvoraussetzung für die Nutzung der Räder ist ein Smartphone, ein permanenter Internetzugriff und die Installation der **PiPPA-App,** die sowohl für Android als auch iOS erhältlich ist. Nach der Registrierung zahlt man die gewünschte Summe auf das **PiPPA-Konto** und kann per **QR-Code** oder per **Smartphone Touch** (vergleichbar mit dem kontaktlosen Bezahlen mit der Kreditkarte) einen Drahtesel ausleihen.
Pro 30 Minuten kostet der Spaß 108 ¥.
Nähere Infos:

› https://pippa.co.jp/pdf/Egnlish-Guide.pdf

Egal ob Bambuswald oder Hauptstraße: Es wird links gefahren

Sicherheit

Japan ist **eines der sichersten Länder der Welt** – die Kriminalstatistik spricht hier eine eindeutige Sprache: Während etwa in Deutschland 1,2 Menschen pro 100.000 einem Tötungsdelikt zum Opfer fallen, sind es in Japan 0,3. Im Jahr 2016 sank die Anzahl gemeldeter Verbrechen erstmalig in der japanischen Geschichte auf unter eine Million, davon waren knapp zwei Drittel Eigentumsdelikte. Diese Entwicklung führt zu einigen skurrilen Stilblüten. So ahnden die unausgelasteten Polizisten immer häufiger minimale Vergehen: Ein ertappter, die rote Ampel ignorierender Radfahrer ist schließlich besser als gar kein Erfolgserlebnis.

Auf der anderen Seite sind die bei Gesetzesübertretung zu erwartenden **Strafen** deutlich strenger als in Mitteleuropa. Für Kapitalverbrechen droht in Japan noch immer die Todesstrafe. Auch kleinere Vergehen werden streng geahndet. Der Besitz von Marihuana kann mit bis zu sieben Jahren Zuchthaus, der von Ecstasy mit bis zu zehn Jahren bestraft werden.

Sprache

In einem modernen Land mit einer gut ausgebildeten Bevölkerung und ausgeprägten internationalen Handelskontakten erwartet man als Besucher automatisch ein solides bis gutes Fremdsprachenniveau. Mit der globalen Lingua franca **Englisch** sollte es zumindest keine größeren Probleme geben. Das trifft jedoch auf Japan nicht zu! Trotz intensiven Englischunterrichts an Schulen und Universitäten oder der Präsenz privater Sprachschulen ist das Niveau „auf der Straße" sehr bescheiden. Auch mit der Annahme, dass dies eine Generationsfrage sein könnte, liegt man leider falsch: Die jungen Japaner sprechen, auch wenn sie gern Anglizismen in ihre Alltagssprache einflechten, nur selten gut Englisch.

⌃ *Jedes Viertel in Kyoto hat sein eigenes, kleines Polizeirevier (Koban)*

⌃ *Japanische Schriftzeichen sind für viele westliche Besucher ein Buch mit sieben Siegeln*

Sofern man kein Japanisch beherrscht, ist die **Sprachbarriere** ein ziemlich wichtiger Faktor. Zum Glück aber ist in Japan die Hilfsbereitschaft ausgesprochen groß. Deshalb kommt man mit Händen und Füßen und manchmal auch mit pantomimischen Einlagen relativ gut durch den touristischen Alltag. Selbstverständlich sollte man, wenn man sein Glück auf Englisch versucht, immer langsam und deutlich sprechen. Und ein freundliches Lächeln und eine offene, zugängliche Art haben in Japan vermutlich schon mehr Fragen geklärt als so mancher verbaler Kommunikationsversuch.

Die **bilinguale Ausschilderung der öffentlichen Verkehrsmittel** hingegen – mit japanischen und **lateinischen Schriftzeichen** – ist fast vorbildlich zu nennen. In den Bussen, U-Bahnen und Zügen Kyotos werden die Haltestellen immer auf Englisch angezeigt bzw. ausgerufen. Auch das Endziel des Busses, der gerade an der Haltestelle vorfährt, ist mit lateinischen Buchstaben angeschrieben. Außerdem lieben die Japaner Hinweis- und Warnschilder, die mit so **eindeutigen Piktogrammen** illustriert sind, dass sie selbst ein Kindergartenkind versteht – egal aus welchem Kulturkreis es kommt.

Wohnt man in einem **Hotel** in Japan, gibt es einen simplen Trick, der das Touristenleben oft deutlich vereinfacht: einfach die **Experten an der Rezeption** bitten, einem die gewünschte Adresse, die U-Bahn-Haltestelle oder den Namen der Sehenswürdigkeit auf Japanisch auf einen Zettel zu schreiben, den man dann Passanten oder Taxifahrern zeigen kann.

Die **Kleine Sprachhilfe Japanisch** im Anhang des Buches hilft bei der Verständigung (s. S. 132).

062ky-ld

Stadttouren

Per Bus

Informationen zu **individuellen Busrundfahrten**, die allerdings deutlich teurer als die im Folgenden erwähnten Angebote sind, erhält man am Verkaufsschalter des Karasumaguchi-Terminals an der Nordseite von Kyoto Station 1 (s. Abfahrt Sky Bus). Ansonsten sind die folgenden Anbieter empfehlenswert:

- •130 [B7] **Abfahrt K'Loop Hop-on-hop-off-Bus,** Südseite von Kyoto Station 1, Hachijo Gate, Tel. 075 6611234, http://kloop.jp/en, Tagespass im Bus erhältlich: Erw. 1000 ¥, Kinder 500 ¥ (nur Barzahlung möglich). Insgesamt 5-mal pro Tag unternimmt der gelbe K'Loop seine Rundfahrt durch die Stadt (die letzte Runde wird nur zur Hälfte absolviert). Die erste Fahrt des Tages startet um 8.40 Uhr und der Bus steuert insgesamt 17 Haltestellen an, die alle an Sehenswürdigkeiten gelegen sind (detaillierter Fahrplan als PDF s. Website). Man kann an jeder Haltestelle ein- oder aussteigen, die gesamte Rundtour dauert ohne Aussteigen ca. 2 Std.
- •131 [B7] **Abfahrt Sky Bus Kyoto,** Nordseite von Kyoto Station, Karasumaguchi-Terminal, direkt vor dem Isetan-Kaufhaus bzw. der Hauptpost (hier auch Fahrscheinverkauf), Tel. 075 6722100, Mitte März–Ende Sep. Die roten Doppeldeckerbusse, die über ein Cabriodeck verfügen, fahren auf zwei unterschiedlichen Routen durch die Stadt: Die umfassende Tour mit Besichtigung des Goldenen Pavillons 19 und des Kiyomizu-dera-Tempels 12 dauert vier Stunden und kostet 4000 ¥ (Kinder 2100 ¥). Die kurze, 90-minütige Rundfahrt wird mit 2000 ¥ (Kinder 1000 ¥) berechnet. Der Audioguide mit Ohrstöpsel und Infos auf Englisch ist im Preis beider Rundfahrten inkludiert. Abfahrtszeiten 4-Std.-Tour: tägl. 10 Uhr, März–Juni und Sep. auch 13 Uhr (im Juli/Aug. inkl. Wasserflasche, Fächer und gekühltem Handtuch). Abfahrtszeiten 90-Min.-Tour: März–Juni und Sep. 11 und 15 Uhr, Juli/Aug. auch 13 und 17 Uhr.

Zu Fuß

Eine ausgesprochen attraktive Art der Stadtbesichtigung sind **geführte Stadtspaziergänge.** Die einheimischen Guides sprechen Englisch und berichten authentisch über ihre Stadt (sie freuen sich über ein honorierendes Trinkgeld):

- › **Kulinarische Führungen über den Nishiki-Markt** 8: s. S. 26
- › **Kyoto Guiding Club:** Die Touren finden nach Absprache statt, mind. zwei Teilnehmer, Preis p. P. 5000 ¥ (Halbtagestour) oder 9000 ¥ (ganzer Tag), ab drei Gästen 4000 ¥ bzw. 7000 ¥. Neben sechs festen Tourenangeboten kann man sich auch eine Führung nach eigenen Wünschen maßschneidern lassen. Führungen sind auf Englisch oder auf Französisch buchbar. Treffpunkt nach Absprache. Infos: Tel. 090 22874599, http://kyotoguidingclub.moonfruit.com.
- •132 [D3] **Startpunkt Cool Kyoto Walking Tour,** vor dem Rathaus, direkt an der Haltestelle Shiyakusho-me (U-Bahn Tōzai-Linie). Jeden Samstag ab 9.45 Uhr führt Joe Okada, der selbst ernannte letzte Samurai, der mit seinem Schwert auch gern mal einen Apfel in der Luft zerteilt, interessierte Gäste durch Gassen, Geschäfte, Tempel und Märkte des Innenstadtbereichs. Die fünfstündige,

Per Laufrikscha durch Kyoto: Auch so kann man eine Stadttour unternehmen

063ky-ld

unterhaltsame Führung kostet 4000 ¥ und beinhaltet ein Mittagessen. Infos: Tel. 090 38673538, www.samurai-okada.com.

•**133** [D4] **Startpunkt Kyoto Free Walking Tour,** Denkmal der Kabuki-Gründerin Izumo no Okun direkt an der Haltestelle Gion-Shijō (Keihan-Linie). Die Führungen finden täglich statt, aber nur wenn Anmeldungen vorliegen: Auf der gleichnamigen Facebook-Seite die Teilnahme mind. einen Tag vorher bestätigen und die Tour findet auch mit nur einem Teilnehmer statt! Ehrenamtliche Guides organisieren die Gratis-Führungen durch das alte Zentrum Kyotos. Dauer: ca. 2–2,5 Std. Infos: www.kyotofreewalkingtour.com.

•**134** [C7] **Startpunkt WaRaiDo Guide Networks,** vor dem Nordausgang von Kyoto Station bei Aqua Fantasy, März–Nov. Mo., Mi. und Fr. 10 Uhr, Preis: 2000 ¥, 13–15 Jahre 1000 ¥, unter 13 Jahren frei. Unter dem Motto „Walk in Kyoto, talk in English" sind diese Stadtrundgänge schon seit vielen Jahren populär. Die Tour führt vom Hauptbahnhof über verschlungene Seitengassen mit etlichen Besichtigungs- und Erklärpausen nach Higashiyama und endet in der Nähe des Kiyomizu-dera-Tempels. Dauer: ca. 5 Std., keine Reservierung nötig. Infos: Tel. 075 3666238, http://waraido.com.

•**135** [D4] **Startpunkt WaRaiDo Gion by Night,** vor dem Gion Omoide Museum (auch bekannt als Kitazagionomoide Museum), 1 Min. zu Fuß von der Haltestelle Gion-Shijō (Keihan-Linie), Mo., Mi. und Fr. 18–19.40 Uhr (Dez.–Feb. 17–18.40 Uhr), p. P. 1500 ¥, Preis: unter 13 Jahren gratis. Wem eine abendliche Führung auf den Spuren der Geishas zusagt, der sollte sich diesem Spaziergang anschließen. Anbieter ist ebenfalls WaiRaiDo.

Telefonieren

Vorwahlen

- **Japan:** 0081
- **Deutschland:** 0049
- **Österreich:** 0043
- **Schweiz:** 0041

Das Telefonieren oder Surfen mit eigenem **Handy** und eigener SIM-Karte ist in Japan nicht ganz preiswert. Die Minutenpreise hängen entscheidend von dem in der Heimat genutzten Provider ab. Unter 99 Cent (oder deutlich mehr!) pro Minute wird es jedoch in der Regel nicht klappen. Will man das Telefon häufiger nutzen, lohnt es sich, eine **japanische SIM-Karte** zu kaufen. Man beachte, dass es in Japan SIM-Karten gibt, die **nur auf Datenvolumen beschränkt** sind (s. S. 104). Aber auch mit solchen SIM-Karten kann man telefonieren, wenn man Internet-Telefonie z. B. via Skype nutzt, was sicherlich die preiswerteste und einfachste Lösung ist.

An den **internationalen Flughäfen** (s. S. 94) besteht die Möglichkeit, sich für die Dauer des Aufenthalts ein einfaches Mobiltelefon oder **ein Smartphone zu mieten.** Jedoch sollte man darauf achten, welche Leistungen inbegriffen sind und welche zusätzlichen Kosten entstehen können. Einfache Handys erhält man ab ca. 4000 ¥ pro Woche (ca. 32 €) mit einem innerjapanischen Minutenpreis von 35–40 ¥ (28–32 Ct.).

In diesem Buch sind alle Telefonnummern mit der **Ortsvorwahl von Kyoto (075)**, aber ohne die Ländervorwahl von Japan angegeben. Bei der Vorwahl Kyotos fällt, wie auch in Europa gewohnt, die „0" weg, wenn man vorher die Ländervorwahl eingibt.

Uhrzeit

Die Japan Standard Time (JST) hat eine Zeitdifferenz zur Koordinierten Weltzeit (UTC) von plus neun Stunden und zur mitteleuropäischen Zeit von **plus acht Stunden.** Wenn die Uhr in Berlin zur Mittagsstunde 12 Uhr schlägt, ist es in Japan bereits 20 Uhr. Im Sommer beträgt der Zeitunterschied, solange die Sommerzeit in Europa noch beibehalten wird (bis mind. 2021), nur **plus sieben Stunden.**

Unterkunft

Die Übernachtungsmöglichkeiten in Kyoto sind unglaublich **vielfältig** und preislich, insbesondere im Vergleich zu europäischen Metropolen, durchaus im Rahmen. Ein solides Standardzimmer in einem Mittelklassehotel der 3-Sterne-Kategorie erhält man für umgerechnet 70–90 €. Jedoch ist die Schwankungsbreite der Zimmerpreise immens, da die **saisonalen Aufschläge** deutlich über den aus Europa bekannten liegen. Ob Kirschblüte, Golden Week (um den 1. Mai), das gigantische Stadtfest Gion Matsuri (Mitte Juli), das buddhistische O-Bon-Fest (im August) oder die Herbstlaubfärbung – die Hotelpreise gehen dann regelrecht durch die Decke. Zur Kirschblütenzeit im März/April ist eine Verdrei- oder Vervierfachung nichts Ungewöhnliches und macht das Übernachten zu einem wirklich teuren Vergnügen (Details zu allen Veranstaltungen: s. S. 77).

Kyoto erhebt eine **Bettensteuer**, die von den Hotels abgeführt wird: Pro Kopf und pro Nacht beträgt sie 200, 500 oder 1000 ¥, je nach Preiskategorie des Zimmers.

Kapselhotels

Die inzwischen weltberühmten Kapselhotels sind eine **urjapanische Institution**, die in den späten 1970er-Jahren in Osaka erfunden wurde, um betrunkenen Angestellten, die abends ihren letzten Zug nach Hause verpasst hatten, eine günstige Übernachtungsmöglichkeit zu offerieren (pro Nacht und Person umgerechnet ca. 20–25 €). Aus diesem Grund befinden sich Kapselhotels meist in der Nähe von größeren Bahnhöfen. In einem **Wabenhotel**, wie diese beengten Unterkünfte auch genannt werden, gibt es ausschließlich **Einzelkabinen**, die eine Grundfläche von 2–2,5 m² und eine Höhe von 1,20–1,40 m aufweisen und meist in Doppelreihen übereinander angeordnet sind. In der Schlafkabine findet sich oft ein TV-Gerät, welches in der Decke integriert ist, eine individuell regulierbare Klimaanlage und Steckdosen zum Aufladen mobiler Elektronik. Mögliches Gepäck wird in externen Schließfächern verstaut, die **Sanitäranlagen** werden selbstverständlich kollektiv genutzt. Die meisten Bewohner duschen direkt nach Ankunft und gleiten dann in bereitgelegte **Yukatas**, leichte Bademäntel, in denen sie durch die Gänge schlendern. Teilweise sind die Kapselhotels exklusiv für männliche Gäste, es gibt jedoch auch gemischte oder reine Frauen-Kapselhotels. Ganz wichtig: Im Eingangsbereich müssen immer die **Straßenschuhe ausgezogen** und durch leichte, vor Ort bereitgestellte Stofflatschen ersetzt werden.

136 [C5] **Nine Hours (9h)** ¥, 588 Teianmaeno-chō, Shijō, Teramachi-dori, Shimogyō-ku, Tel. 075 3537337, https://ninehours.co.jp, nur wenige Gehminuten von der Haltestelle Kawaramachi (Hankyu-Linie). Würde Apple ein Kapselhotel betreiben, sähe es vermutlich aus wie das Nine Hours: **minimalistisches Design und alles in schickem Weiß!** Eine wirklich preiswerte Wabe, die trotzdem alle Badutensilien und die Dusche beinhaltet.

137 [C7] **Smart Stay Shizuku** ¥, 214 Maoyachō, Shimogyō-ku, Tel. 075 5855486, https://shizuku-hotel.jp/kyotoekimae, fußläufig von Kyoto Station in 5 Min. erreichbar. Ein hoteleigener Onsen, ein luftig-frischer Aufenthaltsbereich und das alles topmodern – willkommen im Smart Stay. **Die Waben sind deutlich großzügiger gestaltet,** verfügen sogar über eine kleine Mini-Garderobe und es gibt einen Wohnbereich ausschließlich für Frauen.

138 [D4] **The Millenials** ¥, 235 Yamazakichō, Nakagyō-ku, Tel. 075 2126887, https://the-millennials-kyoto-jp.book.direct/de-de, 5 Min. zu Fuß von der Haltestelle Kawaramachi (Hankyu-Linie). Mitten im kommerziellen Zentrum der Stadt gelegen, bietet das moderne Kapselhotel einen stilistisch gelungenen **Interieur-Mix aus Ikea und schweren Ledersofas im Gemeinschafts-**

Preiskategorien

Die Einteilung der Schlafstätten gilt für ein Doppelzimmer für zwei Personen inkl. Frühstück. Bei Kapselhotels und Hostels bezieht sich die Kategorisierung jedoch auf Pro-Kopf-Preise, da hier oft nur Einzelbetten buchbar sind. Gleiches gilt für die Übernachtung im Ryokan. In den traditionellen japanischen Gasthäusern wird der Preis pro Gast angegeben, da der Aufenthalt hier zumeist Abendessen und Frühstück beinhaltet.

¥	bis 60 €
¥¥	60–120 €
¥¥¥	über 120 €

EXTRAINFO

Buchungsportale

Neben Buchungsportalen für Hotels (z. B. www.booking.com, www.hrs.de oder www.trivago.de) bzw. für Hostels (z. B. www.hostelworld.de oder www.hostelbookers.de) gibt es auch Anbieter, bei denen man **Privatunterkünfte** buchen kann. Portale wie www.airbnb.de, www.wimdu.de oder www.9flats.com vermitteln Wohnungen, Zimmer oder auch nur einen Schlafplatz auf einer Couch. Diese oft recht günstigen Übernachtungsmöglichkeiten sind nicht unumstritten, weil manchmal normale Wohnungen gewerblich missbraucht werden. Wenn die Stadt regulierend eingreift, kann das zu kurzfristigen Schließungen führen. Eine Buchung unterliegt also einem gewissen Restrisiko.

bereich. Die Wabenbetten können auch zu Sitzgelegenheiten umfunktioniert werden, der Platz unter den Betten dient als Stauraum für das Gepäck. Ungewöhnlicher Bonus: tägl. 17–18 Uhr gibt es Freibier!

Hostels

Selbstverständlich bieten auch in Kyoto diverse Hostels **preiswerte Schlafmöglichkeiten** an. Doch der große Preisvorteil gegenüber Hotels, der sich in westlichen Metropolen manifestiert, fällt in Japan geringer aus und auch die Konkurrenz der Kapselhotels ist nicht zu unterschätzen. Pro Person sollte man mit 30–40 € pro Nacht rechnen.

139 [D4] **Book and Bed Tokyo-Kyoto** ¥, 200 Nakanochō, Higashiyama-ku, Keihan-Linie bis Haltestelle Gion-Shijō. **Ein absolutes Muss für Bücher- und Literaturfreunde:** Hier bettet man sein Haupt zwischen Bücherregalen. Sehr urige Unterkunft mit einem charmanten Konzept und perfekter Lage für Erkundungen des Geisha-Viertels Gion. Buchung auf Englisch nur über einschlägige Plattformen im Netz möglich.

140 [C4] **Hostel Ebi** ¥, Karasumanishiki Bldg., 4. OG, 683 Motohonenjichō, Nakagyō-ku, Tel. 075 2115811, www.hostel-ebi.com, U-Bahn (Karasuma-Linie) bis Shijō Station, von dort 3 Min. zu Fuß. Der Besitzer und Betreiber des kleinen Hostels, Jiwon Kim, ist absolut hilfsbereit und weiß, worauf es – neben Freundlichkeit und Sauberkeit – auch bei einem Hostel ankommt: **Lage, Lage, Lage!** Super zentral direkt am Nishiki-Mark gelegen, es gibt jedoch nur Schlafsaalbetten.

141 [C7] **K's House Kyoto** ¥, 418 Nayachō, Shichijō-agaru, Dotemachi-dori, Shimogyō-ku, Tel. 075 3422444, https://kshouse.jp/kyoto-e/index.html, 5 Min. zu Fuß ab Shichijō Station (Keihan-Linie). Nettes, modernes Guesthouse, in dem man sogar **klassische japanische Tatami-Zimmer** (inkl. Schlaf-Futon) mieten kann. Ein Fahrradverleih, die preiswerte Zen-Bar und eine überdachte Außenterrasse ergänzen das preiswerte Angebot.

142 [D3] **Morris Hostel Kyoto** ¥, 133-1 Umenogi-chō, Nakagyō-ku, Tel. 075 2570333, http://morris-hostel.com/kyoto/en, U-Bahn (Tōzai-Linie) bis Haltestelle Kyoto Shiyakusho-mae, von dort 7–8 Min. zu Fuß. Sehr modern und funktional eingerichtetes Hostel, das **neben Schlafsaalbetten auch diverse Doppelzimmer** zur Verfügung stellt. Aufmerksame, Englisch sprechende Gastgeber, eine helle Gemeinschaftsküche und die Möglichkeit, Fahrräder zu mieten, runden das Angebot ab.

Im Ryokan (s. S. 120) schläft man immer auf einem Futon

Stadthotels

Japanische Stadthotels unterscheiden sich in einigen Bereichen von ihren westlichen Pendants. Die Einheimischen bezeichnen sie in klassischem „Japenglisch" vorzugweise als **Business Hotels**, um sie auf diese Weise von den populären Love Hotels zu unterscheiden, die man eher auf Stundenbasis besucht. Die Hotelzimmer sind zumeist deutlich kleiner als in Europa, dafür warten sie aber mit vielen serviceorientierten **Zusatzangeboten** auf, die im Preis inbegriffen sind. Die multifunktionalen Toiletten *(washlets)* sorgen für umfassende und wohl temperierte Hygiene, während im Bad allerlei Utensilien wie Seife, Duschgel, Shampoo, Rasierer, Zahnbürste und Fön bereitliegen. Zum Standard gehören ferner Fernseher, Mini-Kühlschrank, Klimaanlage und/oder ein Luftbefeuchter, Hosenbügler(!), Wasserkocher und **WLAN** im Gästezimmer. Einige Hotels bieten ihren Gästen sogar zusätzlich den kostenfreien Besuch des **hauseigenen Onsen** an.

143 [C7] **Elcient Kyoto** ¥¥, 13 Higashisannouchō, Higashikujo, Minami-ku, Tel. 075 6721100, www.elcient.com/kyoto/en. Das Elcient bestiсht durch seine **ausgesprochen zentrale Lage** direkt an der Kyoto Station, von wo aus fast alle Ziele in Kyoto erreichbar sind. Die Zimmer sind zeitgemäß eingerichtet. Als besonderes Schmankerl ist der Besuch des angeschlossenen Onsen für Hotelgäste kostenlos.

144 [C3] **Hearton Hotel Kyoto** ¥¥, 405 Funaya-chō, Nakagyō-ku, Tel. 075 2221300, www.hearton.co.jp/en/kyoto, U-Bahn (Karasuma-Linie) bis Karasuma-Oike, von dort 3 Min. zu Fuß. Die moderne und im Stadtkern gelegene Dependance der Hearton-Kette, die insgesamt sechs Hotels in der Kansai-Region betreibt, ist hervorragend an die öffentlichen Verkehrsmittel angebunden und überzeugt allmorgendlich durch die **Auswahl zwischen japanischem oder westlichem Frühstück**, die in zwei unterschiedlichen Speisesälen aufgetischt werden.

145 [B5] **Hotel Unizo Kyoto Shijo Karasuma** ¥¥, 8 Katsukyoyamachō,

064ky©Paolo Marzio - stock.adobe.com

Shimogyō-ku, Tel. 075 2414125, www.unizo-hotel.co.jp/en/kyoto.s, U-Bahn (Karasuma-Linie) bis Shijō Station, von dort 3 Min. zu Fuß. Saubere und gut ausgestattete Zimmer bietet diese Filiale der Unizo-Kette, die sich **im kommerziellen Epizentrum der Metropole** befindet: Viele Restaurants, Geschäfte und Kneipen der Innenstadt befinden sich in fußläufiger Distanz. Stilvoll ist der Mini-Steingarten direkt vor der Rezeption.

146 [ci] **Rhino Hotel** ¥, 17 Saiin Sanzochō, Ukyō-ku, Tel. 075 3161200, http://rhino.co.jp/en, Hankyu-Linie bis Haltestelle Saiin, von dort 1 Min. zu Fuß. Auch wenn das Hotel nicht mitten im Zentrum liegt, so ist es doch gut an den öffentlichen Nahverkehr angebunden – nur knapp 10 Min. dauert die Fahrt mit der Hankyu-Linie bis Kawaramachi. Wer das in Kauf nimmt, der bekommt ein modernes Haus mit 86 großzügigen Zimmern und **einem unschlagbaren Preis-Leistungs-Verhältnis.**

147 [D4] **Super Hotel Shijo Kawaramachi** ¥¥, 538-1 Shin Kyogoku-dori, Nakanochō, Nakagyō-ku, Tel. 075 2559000, www.superhoteljapan.com/en/s-hotels/shijyo, Hankyu-Line bis Haltestelle Kawaramachi, von dort 3 Min. zu Fuß. Auch wenn – wie so oft in Japan – die Zimmer eher klein sind, ist die Lage des Hotels mitten im Geschehen für Stadterkundungen unschlagbar. Im **hoteleigenen Mini-Onsen** kann man sich mit der japanischen Badehauskultur vertraut machen.

Ryokans

Die Übernachtung im Ryokan, wörtlich dem „**Reisegasthaus**", gehört vermutlich zu den typischsten Erlebnissen, die man als Tourist in Fernost erleben kann. Oft werden Ryokans von alteingesessenen Familien betrieben und die Zimmerzahl ist übersichtlich. Bereits die Ankunft unterscheidet sich vom Check-in in einem normalen Hotel: Im *genkan,* dem gefliesten Vorraum der Herberge, tauscht man die Straßenschuhe gegen bereitgestellte Hausschlappen. Freundliche Angestellte erklären einem dann die wichtigsten Verhaltensregeln. Ist das Englischniveau eher bescheiden, wird mitunter ein schriftlicher Leitfaden gereicht, in dem die **Zeiten für Abendessen und Frühstück** aufgelistet sind und die wichtigsten Regeln (und Öffnungszeiten) für den Besuch des **öffentlichen Warmbades** erläutert werden.

Die Zimmer selbst sind durch puristischen Minimalismus gekennzeichnet: Auf den **Tatamis**, den Reisstrohmatten, befinden sich in der Regel nur ein kniehoher Tisch und zwei Stühle ohne Stuhlbeine, da sich die Sitzfläche auf Bodenhöhe befindet. Der **Futon** liegt oftmals akkurat zusammengerollt in einem Wandschrank hinter dünnen Schiebetüren und wird vom Personal ausgerollt, während der Gast beim Abendessen weilt.

Nach der Ankunft ist es an der Zeit, sich dem Ryokan angemessen zu bekleiden. Die leichten **Baumwoll-Kimonos** *(yukata)* trägt man ähnlich einem Bademantel, der *obi* übernimmt die Funktion des Bindegürtels. Unter dem Yukata trägt man T-Shirt oder Unterhemd und Unterhose. So ausstaffiert schlendert man durch die Anlage, besucht das Onsen und geht zum Abendessen. Hier wird in den meisten Ryokans **Kaiseki (Ryori)** serviert, eine aus vielen Minigerichten zusammengestellte Edelmahlzeit (s. S. 58).

Einen guten Überblick über Ryokans erhält man auf der Webpräsenz der japanischen Ryokan-Vereinigung:

› www.ryokan.or.jp

Folgende Gasthäuser in Kyoto sind für Anfänger oder Ryokan-Profis zu empfehlen:

› **Kurama Onsen Ryokan** ¥¥¥ (s. S. 52). Das Gesamtensemble des Ryokans und Onsens ist **wunderschön in die natürliche Landschaft der umgebenden Berge eingebettet** und eine bezaubernde Ruheoase fern vom Stress und Lärm der Großstadt. Die Übernachtung ist nur buchbar in Kombination mit dem Essenspaket (Frühstück und Abendessen) und beginnt ab ca. 120 € p. P. Selbstverständlich ist die Nutzung des Onsens im Preis inbegriffen.

148 [C4] **Ryokan Hirashin** ¥, Takoyakushi-dori, Takakura-Nishi, Nakagyō-ku, Tel. 075 2210121, www.hirashin.co.jp/e/index.html, nur 3 Min. zu Fuß von der U-Bahn-Station Shijō (Karasuma-Linie). **Ausgesprochen zentral gelegener Ryokan,** der mit traditionell eingerichteten Zimmern in einem modernen Gebäude und sehr fairen Preisen aufwarten kann. Wem das Kaiseki-Abendessen nicht zusagt, der kann problemlos nur die Übernachtung buchen und so den Preis halbieren.

149 [E5] **Ryokan Kyo no Yado Sangen Ninenzaka** ¥¥, 350–13 Masuya-chō, Kodaiji, Higashiyama-ku, Tel. 075 5617888, www.sangen.info/en, Buslinie 206 ab Kyoto Station bis Haltestelle Higashiyamayasui, von dort 10 Min. zu Fuß. **Kleines Ryokan in einmaliger, romantischer Lage:** Am Hügel ganz in der Nähe des Tempels Kiyomizu-dera zu finden, bezaubert das Haus durch den Panoramablick auf Kyoto. Auf keinen Fall sollte man das heiße Bad auf der Dachterrasse verpassen (unbedingt vorher reservieren!). Es gibt nur vier Gästezimmer.

150 [bh] **Ryokan Yamazaki** ¥, 13 Takahana-chō, Umegahata, Ukyō-ku, Tel. 075 8812303, www.ryokan-yamazaki.com, JR-Bus ab Kyoto Station in Richtung Shuzan Takao bis Haltestelle Takahanachō (Fahrzeit: ca. 30 Min., 250 ¥). Dieser im ruhigen Nordwesten Kyotos gelegene Ryokan ist eine ausgezeichnete Wahl, **wenn man kein Vermögen ausgeben,** aber trotzdem einmal in einem traditionellen Gasthaus nächtigen möchte. Ab 40 € p. P. (mit Gemeinschaftsbad) kann man einkehren, sollte aber auf jeden Fall das Kaiseki-Abendessen mitbuchen (ca. 25 €), da es einfach zu einem Ryokan-Aufenthalt dazugehört. Gemütliche, etwas in die Jahre gekommene Anlage, die jedoch mit einer liebevoll gepflegten Gartenanlage im Innenhof auftrumpft. Lohnenswert ist daher das preislich moderate Upgrade mit Gartenblick.

Verhaltenstipps

In Japan lauern **Fettnäpfchen** an jeder Ecke, da sich das soziale Miteinander in Fernost deutlich von westlichen Verhaltensmustern unterscheidet. Dennoch sollte man keine Angst vor eigenen Fehlern haben, da die Einheimischen fremden Besuchern gegenüber ein großes Maß an **Toleranz** walten lassen. „Der Ausländer weiß es eben nicht besser und macht das nur aus Unwissenheit falsch" lautet oft das Credo der Japaner. Diesen Vertrauensvorschuss sollte man aber nicht als Freifahrtschein für ungebührliches oder vorsätzlich unangemessenes Verhalten ansehen. Für viele Einheimische sind Besucher aus dem Westen *gaijins,* Fremde, die man jedoch offiziell nie so nennen würde, da der Begriff zum Teil negativ konnotiert ist. Als Selbstbezeichnung ist *gaijin* aber durchaus erlaubt – und wer nach bestem Wissen versucht, sich an die Spielregeln zu halten, der genießt den „Gaijin-Bonus".

Um geschmeidig durch den japanischen Alltag zu kommen, haben sich ein **freundlicher Ton**, ein nettes **Lächeln** und eine **zurückhaltende Art** bewährt. Es kommt auch gut an, wenn man die wichtigsten Alltagsworte wie „Bitte", „Danke", „Entschuldigung" oder „Prost" auf Japanisch beherrscht (s. Sprachhilfe S. 132). Wenn man zusätzlich die folgenden Hinweise beachtet, hat man schon vieles richtig gemacht:

- Japanische **Begrüßungs- und Verabschiedungsriten** (essentiell ist das korrekte Verbeugen je nach Hierarchiestufe der sich Grüßenden) gelten zum Glück für Ausländer nur sehr eingeschränkt. Ein symbolisches Nicken mit dem Kopf ist meist ausreichend, auf Händeschütteln kann verzichtet werden. Bei geschäftlichen Treffen zwischen Westlern und Japanern ist es jedoch durchaus angemessen.
- Niemals in der Öffentlichkeit, geschweige denn im Restaurant, **in ein Taschentuch schnäuzen,** egal wie stark verschnupft man ist. Dies gilt als grober Bruch der Etikette, deshalb sollte man nur im WC die Nase putzen oder „hochziehen" (was für Japaner absolut akzeptabel ist!).
- **Essen und trinken im öffentlichen Raum** gilt als unfein. Der Verzehr von Cola vor dem Getränkeautomaten ist in Ordnung, damit jedoch auf dem Gehsteig herumzulaufen, ist nicht angemessen. Gleiches gilt für den Nahrungsmittelkonsum in der U-Bahn oder Nahverkehrszügen. Hat der Zug jedoch Klapptischchen (wie z. B. der Shinkansen), gilt die Regel nicht – dann essen und trinken auch die Japaner dort.
- **Lautes Unterhalten und Telefonieren** in öffentlichen Verkehrsmitteln ist grob unschicklich – deshalb bei Gesprächen mit Mitreisenden die Stimme deutlich senken und das Telefon auf lautlos stellen.

065ky-ld

- Beim Betreten einer japanischen Privatwohnung oder eines Ryokans sind immer **die Straßenschuhe gegen die bereitgestellten Hausschlappen zu tauschen.** Mit den Hausschlappen betritt man jedoch nie die Sanitäranlagen, sondern wechselt stets in die gesonderten **WC-Slipper.** Und ganz wichtig: Beim Verlassen der Toilette sollte man nicht vergessen, die WC- wieder gegen die Hausschlappen zu tauschen.
- Zu den wichtigsten **Regeln im Onsen:** s. S. 52
- In der japanischen Kneipe (Izakaya) oder im Restaurant sollte man immer zuerst **die Gläser der anderen Gäste am Tisch befüllen,** dann das eigene. Erst wenn alle versorgt sind, heißt es *kampai* – Prost!
- Der Gebrauch der **Essstäbchen** geht ebenfalls mit einigen Regeln einher: Niemals mit dem schlanken Ende der Stäbchen auf einen Gemeinschaftsteller greifen, sondern das dickere Ende nutzen. Auch nicht das Essen mit Stäbchen an jemand anderen weiterreichen oder die Stäbchen in eine Reisschale stecken – beide Verhaltensweisen werden bei buddhistischen Begräbniszeremonien angewandt und haben folglich nichts am Essenstisch zu suchen. Ebenso ist es unschicklich, Speisebestandteile mit dem hölzernen Besteck aufzuspießen oder mit den Essstäbchen auf andere Personen zu zeigen.
- **Lautes Schlürfen,** zum Beispiel beim Verzehr einer Nudelsuppe, ist für japanische Ohren **angemessen** und überhaupt kein Fauxpas.
- Das **Trinkgeldprinzip** ist in Japan unbekannt und der Versuch, sich monetär für gutes Essen oder ausgezeichneten Service zu bedanken, wird bestenfalls mit Unverständnis quittiert. Auch das **Nachzählen des Wechselgelds** ist unangemessen – es suggeriert Misstrauen gegenüber dem Kassierer, der sich folglich beleidigt fühlt.

Verkehrsmittel

Dreh- und Angelpunkt des öffentlichen Nahverkehrs in Kyoto ist der **Hauptbahnhof Kyoto Station ❶**: Dutzende Buslinien starten und enden hier; ebenso dient er als Knotenpunkt für den Tōkaidō-Shinkansen (s. S. 95), mehrere JR-Lokalzüge, die Kintetsu-Privatbahn und die Karasuma-Linie der U-Bahn.

Infos und Tickets zu Stadtbussen und U-Bahnen bekommt man hier:

- **Karasuma Oike Station** [C3], im unterirdischen Umsteigebahnhof gelegen, Tel. 075 2131650, geöffnet: tägl. 7.30–19.30 Uhr
- **Kotochika Kyoto,** Kyoto Station, unterirdisch gelegene Infostelle in der Nähe des Central Exit 1, Tel. 075 3719866, geöffnet: tägl. 7.30–19.30 Uhr
- **Kyoto City Bus Information,** Kyoto Station ❶, nördlich vor dem Haupteingang, Tel. 075 3714474, geöffnet: tägl. 7.30–19.30 Uhr

Hilfreich ist auch die folgende **Website,** die exakte Infos über Zugverbindungen liefert (wenn die Menüführung auch etwas gewöhnungsbedürftig ist):

- www.hyperdia.com

Busse

Bevor man sich in den Bus setzt, ist es hilfreich, sich einen ersten Überblick zu verschaffen. Der **Faltplan Subway & Bus Navi (auch S&B Navi)** – egal ob in der Printversion oder digital auf dem Handy oder Tablet – sollte dabei auf keinen Fall fehlen. Er ist im zentralen Kyoto Tourist Informati-

‹ In Tempeln oder Privatwohnungen muss man seine Schuhe ausziehen

066ky-ld

on Center (s. S. 102) und an einigen größeren Bahnhöfen von Japan Railways (JR) und U-Bahn erhältlich. Digital lässt er sich hier herunterladen:

› www2.city.kyoto.lg.jp/kotsu/webguide/en/comm/routemap.html (Spalte „English")

Das Busfahren an sich ist kinderleicht, wenn man einige **Grundregeln** beachtet: Bei fast allen Bussen steigt man hinten ein und vorn beim Fahrer wieder aus. **Bezahlt** wird erst **beim Ausstieg:** Im Stadtgebiet (auf der Karte S&B Navi klar markiert) kostet jede Fahrt, egal ob eine oder 26 Haltestellen, **pauschal 230 ¥** (Kinder bis 12 Jahre zahlen 120 ¥), für Fahrten außerhalb der Stadt wird ein Zuschlag erhoben.

Die Bezahlung erfolgt an einer **Maschine,** die zwischen Fahrer und Vordertür platziert ist. Oben wirft man die 230 ¥ in einen Trichter und steigt aus. Hat man den Fahrpreis in Münzen nicht passend, muss man am Gerät wechseln: 500 ¥-Münzen und 1000 ¥-Banknoten können an der Maschine in Kleingeld eingetauscht werden. Anschließend füttert man den Trichter oben wie beschrieben. Der Fahrer wird erst dann aktiv, wenn der Geldschein größer als 1000 ¥ ist.

Alternativ kann man per **IC-Karte** (s. S. 126) bezahlen.

Wer sich nicht mit dem Rumhantieren mit Münzgeld belasten oder wer mindestens dreimal pro Tag auf den Bus zurückgreift, der sollte eine **Tageskarte** erwerben. Die Karten können beim Busfahrer, an Info- und Verkaufsschaltern für U-Bahn-Tickets, bei der Touristeninformation und an den meisten Fahrkartenautomaten erstanden werden. Es gibt die folgenden **Varianten:**

⬆ *Durchgangsschranken sind auf Bahnhöfen allgegenwärtig*

⬇ *Mit Einzel- bzw. Tageskarte (gelb umrandeter Schlitz) oder IC-Karte (blaues Sensorfeld) kann man den Bahnsteig betreten*

- **Tageskarte Bus:** 600 ¥ (Kinder bis 12 Jahre 300 ¥), gilt für eine unbegrenzte Zahl an Busfahrten innerhalb des Stadtgebiets, darf aber nur an einem Kalendertag benutzt werden
- **Tageskarte Bus und U-Bahn:** 900 ¥ (Kinder bis 12 Jahre 450 ¥), ermöglicht unbegrenzte Benutzung von Bus und U-Bahn an einem Kalendertag im Stadtgebiet
- **2-Tageskarte Bus und U-Bahn:** 1700 ¥ (Kinder bis 12 Jahre 850 ¥), unbegrenzte Benutzung von Bus und U-Bahn an zwei Kalendertagen im Stadtgebiet

Neben den regulären Bussen von **Kyoto City Bus** (grünliche Farbgebung, bedienen eher den Innenstadtbereich) und denen von **Kyoto Bus** (rot-beige Lackierung, fahren oft bis in die Randbereiche Kyotos) gibt es noch die bunten **Raku-Busse.** Die drei Raku-Linien sind auf touristischen Routen unterwegs und verbinden hauptsächlich die Sehenswürdigkeiten der Stadt. Preislich unterscheiden sie sich nicht von den anderen Bussen, auch die Tageskarten sind hier gültig:

- **Raku-Linie 100:** von Kyoto Station 1 zum Silbernen Pavillon (Ginkaku-ji) 18 (Richtung Nordosten)
- **Raku-Linie 101:** von Kyoto Station über den Goldenen Pavillon (Kinkaku-ji) 19 nach Kitaoji (Richtung Nordwesten)
- **Raku-Linie 102:** von Kitaoji über Kinkaku-ji zum Ginkaku-ji (West-Ost-Verbindung)

In den Bussen werden die nächsten **Haltestellen akustisch und visuell angekündigt,** auch **auf Englisch.**

Auch wenn man das Busfahren in Kyoto schnell durchschaut und meistert, gibt es ein großes Manko: Das Busnetz der 1,5-Millionen-Metropole ist **chronisch überlastet.** Meist steht man dicht an dicht und weiß nach mehreren Busfahrten, wie sich Sardinen in der Dose fühlen müssen. Weil der Verkehr in Kyoto sehr dicht und stauanfällig ist, werden die Busfahrpläne selten eingehalten und die Fahrten dauern länger. Deshalb sollte man, wo immer es möglich ist, **auf den Schienenverkehr ausweichen.**

Für spätabendliche oder nächtliche Fahrten sollte man beachten, dass **gegen Mitternacht** – je nach Linie mit leichten zeitlichen Abweichungen – der gesamte **ÖPNV eingestellt** wird. Entweder man geht dann zu Fuß oder winkt ein Taxi (s. S. 128) herbei.

067ky-ld

U-Bahn (Subway)

Das Kyotoer U-Bahn-System besteht nur aus **zwei Linien.** 1981 eröffnete eine erste Teilstrecke der **Karasuma-Linie** (auf den meisten Übersichtsplänen als grüne Linie eingezeichnet), die heute auf einer Strecke von knapp 14 Kilometern in Nord-Süd-Richtung unterhalb der Stadt verläuft. Die Stationen sind von Kokusaikaikan (K01) ganz im Norden bis

IC-Karten – praktisch, funktional und einfach zu handhaben

Als die neuen IC-Karten (kurz für „integrated circuit", eine Variante der RFID-Technologie) Anfang des Jahrtausends eingeführt wurden, waren die bargeldaffinen Japaner sehr skeptisch. Doch die Praktikabilität und Erleichterungen im Alltag machten sie schnell zu einem großen Erfolg.

Da die Karten absolut anonym zu nutzen sind, gab es auch kaum Einwände der Datenschützer. Heute kann man mit der IC-Karte problemlos öffentliche Verkehrsmittel nutzen, ohne einen Fahrschein kaufen oder sich überhaupt mit der Frage nach dem korrekten Ticket herumschlagen zu müssen. Selbst wenn man umsteigt oder von einem Bahnbetreiber zum anderen wechselt, muss man sich keine Gedanken machen: Von der Karte wird automatisch der richtige Fahrpreis abgebucht. Die Karten sind auch an vielen Automaten zum Snack- oder Getränkekauf einsetzbar. Eine wachsende Zahl an Restaurants und Kiosken haben diese Möglichkeit des Bezahlens ebenfalls im Angebot.

In ganz Japan gibt es ca. ein Dutzend unterschiedlicher IC-Karten, die von verschiedenen Firmen herausgegeben werden. Waren sie anfangs nur in der jeweiligen Stadt oder Region nutzbar, können sie seit 2013 landesweit eingesetzt werden. Welche IC-Karte man kauft, hängt vom Kaufort ab: In Osaka und Kyoto erhält man die ICOCA-Karte, in Tokyo die Suica- oder Pasmo-Karte, in Fukuoka die Sugoca-Karte. Jedoch kann die ICOCA problemlos in Tokyo oder die Pasmo in Kyoto benutzt werden.

Die IC-Karten sind an allen Verkaufsschaltern und an dem Gros der Fahrkartenautomaten erhältlich. Der Kaufpreis beträgt einmalig 2000 ¥ und beinhaltet 500 ¥ Kartenpfand sowie 1500 ¥ frei einsetzbares Guthaben. An denselben Automaten kann das Guthaben bis zu einer Maximalsumme von 20.000 ¥ aufgestockt werden.

Die Nutzung ist genauso simpel wie der Kauf: Im Bus oder an der U-Bahn-Schranke hält man die Karte für eine Sekunde über einen deutlich markierten Sensor, es piept kurz und die Karte wird gelesen. Auf einem kleinen Display in der Nähe des Sensorfeldes ist das Kartenguthaben abzulesen. An der Kioskkasse touchiert man einfach die Sensorfläche und der Einkauf ist bezahlt - einfacher geht es wirklich nicht!

Am Ende der Reise ist ein mögliches Restguthaben und das Kartenpfand an den Verkaufsschaltern auszahlbar, dabei wird eine Bearbeitungsgebühr von 220 ¥ erhoben. Die Karte kann nur in der Kaufregion zurückgegeben werden. So wird die in Kyoto erstandene ICOCA in Tokyo nicht angenommen. Oder man behält sie einfach als kleines Souvenir.

Takeda (K15) im Süden durchnummeriert. Die wichtigsten Haltestellen auf der Karasuma-Linie sind Kyoto (K11), die sich direkt unterhalb des Hauptbahnhofs 1 befindet, und Karasuma Oike (K08/T13), welche die Transferstation mit der **Tōzai-Linie** darstellt. Die Tōzai-Linie (zumeist rot markiert) erstreckt sich in Ost-West-Richtung zwischen den Stationen Uzumasa-Tenjingawa (T17) und Rokujizo (T01) und hat eine Gesamtlänge von 17 Kilometern.

Die **Fahrpreise** der U-Bahn variieren je nach Fahrstrecke zwischen 210 und 350 ¥ (Kinder zahlen 110–180 ¥). Die **Tageskarte** für die U-Bahn ist für 600 ¥ (300 ¥ für Kinder) erhältlich, zur Tageskarte für Bus und U-Bahn: s. S. 125, zur IC-Karte: s. S. 126. Sollte man ohne Tages- oder IC-Karte unterwegs sein, müssen die **Einzeltickets** an **Automaten** (auch mit englischer Menüführung) vor den Zugangsschranken erstanden werden. Oberhalb der Automaten sind immer großflächige schematische **Netzpläne** angebracht, die ferner über den exakten Fahrpreis zwischen den jeweiligen Haltestellen informieren.

Die U-Bahnen verkehren jeden Tag zwischen 5.30 und 23.30 Uhr.

Nahverkehrszüge

Um die Verwirrung für Besucher Kyotos noch weiter zu steigern, gibt es zusätzlich zu den bereits genannten Verkehrsmitteln noch diverse Zuglinien, die die Stadt durchkreuzen. Diese werden von der **staatlichen JR (Japan Railways)**, aber auch von **privaten Bahngesellschaften** wie Keihan, Eizan, Kintetsu und Hankyu betrieben. Im Westen der Stadt verkehrt zusätzlich noch eine Straßenbahn.

- **Eizan-Linie:** von Demachiyanagi Station im Osten bis in die nördlichen Berge bei Kurama
- **Hankyu-Linie:** Hankyu-Hauptlinie von Kawaramachi (unterirdisch in der Innenstadt gelegen) nach Osaka mit vier Stopps im Innenstadtbereich Kyotos
- **Hankyu-Arashiyama-Linie:** ab Katsura Station nach Arashiyama 21
- **JR-Linien:** Shinkansen-Hochgeschwindigkeitszüge – **Tōkaidō-Hauptlinie** nach Osaka und Kobe, **Nara-Linie** nach Uji und Nara, **Sagano-Linie** (auch San-in-Linie genannt) nach Saga-Arashiyama (und weiter), **Hokuriko-Linie** nach Kanazawa und Toyama

Die Keihan-Linie (s. S. 128) durchquert den östlichen Teil Kyotos

068ky-ld

EXTRATIPP

Spezielle Ticketangebote

Neben den oben bereits vorgestellten Einzel-, Tages-, Mehrtagesfahr- und IC-Karten gibt es weitere Spezialtarife, die je nach Ziel bzw. Fahrintensität von Interesse sein könnten:

- **JR-West Kansai Area Pass:** Das japanische Pendant zur Deutschen Bahn bietet diesen Fahrschein für die Kansai-Region (Kobe, Osaka, Kyoto) für ein, zwei, drei oder vier Tage an. Im gewählten Zeitraum kann man alle JR-Züge (bis auf den Shinkansen) unbegrenzt nutzen. Die Preise beginnen bei 2300 ¥ (1 Tag) und enden bei 6500 ¥ (4 Tage). Beim Onlinekauf kann man zusätzlich 100–200 ¥ sparen. Infos unter: www.westjr.co.jp/global/en/ticket/pass/kansai.
- **Kansai One Pass:** Mit dieser speziellen IC-Karte (s. S. 126) erhalten ausländische Touristen bei Dutzenden von Sehenswürdigkeiten und Museen einen Rabatt, der meist um die 10 % beträgt. Die Karte kostet 3000 ¥, von denen 2500 ¥ frei einsetzbares Guthaben für Busse, Bahnen oder Einkäufe und 500 ¥ Kartenpfand sind. Details unter: https://kansaionepass.com/en.
- **Kansai Thru Pass:** Dieser All-Inklusive-Pass, der fast alle privaten Bahnbetreiber im Großraum Kasai umfasst und sogar den Transfer vom Kansai International Airport (s. S. 94) beinhaltet (mit der Nankai-Linie), kostet 4000 ¥ für zwei Tage und 5200 ¥ für drei Tage (Kinder 6–12 Jahre zahlen jeweils die Hälfte). Der Pass kann auch an nicht aufeinanderfolgenden Tagen z. B. Mo., Do. und Sa. (bei der 3-Tages-Karte) eingesetzt werden. Er beinhaltet ferner die U-Bahnen in Kyoto und Osaka und gewährt diverse Rabatte beim Besuch von Sehenswürdigkeiten. Infos unter: www.surutto.com.

- **Keifuku-Randen-Tram:** Die Keifuku-Straßenbahnlinie durchquert den westlichen Teil Kyotos von Ōmiya bis nach Arashiyama (s. S. 47).
- **Keihan-Linie:** von Demachiyanagi Station östlich des Kamo-gawa-Flusses gen Süden bis nach Osaka
- **Kintetsu-Linie:** Kintetsu-Hauptlinie ab Kyoto Station 1 nach Nara und Osaka (Namba)

Fahrplanauskünfte und Fahrscheine für die staatlichen **JR-Züge** erhält man im Hauptbahnhof, dabei einfach den Hinweisschildern folgen:

ℹ 151 [C7] **JR Central Ticket Office (Midori-no-madoguchi),** Kyoto Station, www.westjr.co.jp/global/en/support/kyoto_station.html, geöffnet: tägl. 8–20 Uhr (nur Ticketkauf tägl. 5.30–23 Uhr)

Taxis

Die komfortabelste Art des innerstädtischen Reisens, wenn auch nicht die preiswerteste, ist zweifelsohne das Taxi. In Kyoto findet man an fast allen größeren **Bahnhöfen** und **U-Bahn-Stationen** gesonderte **Taxistände,** an denen die Fahrzeuge und ihre fein gekleideten, mit weißen Handschuhen ausgestatteten Chauffeure auf Kundschaft warten. Oder man winkt sich am Straßenrand einfach ein freies Taxi heran. Allerdings ist **Beleuchtung** hinter der Frontscheibe, die anzeigt, ob das Fahrzeug frei oder besetzt ist, für westliche Besucher etwas irritierend: Leuchtet die Anzeige rot, ist das Fahrzeug frei. Beim grünen Schriftzug ist es dagegen besetzt! **Nachts** erkennt man den Status des Taxis an der **Dachbeleuchtung:** Ist sie eingeschaltet, hat der Fahrer gerade keine Kundschaft an Bord.

In Japan steigt man grundsätzlich **hinten** ein. Man sollte keinesfalls ver-

suchen, die Tür händisch zu öffnen: Über einen unsichtbaren Mechanismus entsichert der Chauffeur nämlich die Verriegelung und die hintere Tür öffnet sich von selbst. Auch nach dem Einstieg bitte keinesfalls die Tür eigenhändig ins Schloss ziehen – das übernimmt wieder die Technik und die Fahrer reagieren nicht selten verärgert, sollte man selber Hand anlegen (und damit ggf. den Öffnungsmechanismus beschädigen).

Je nach Taxiunternehmen beträgt die **Startgebühr** zwischen 600–700 ¥ und beinhaltet die ersten zwei Kilometer der Wegstrecke. Danach erhöht sich der Preis alle 300–400 Meter um 80 ¥. Nächtens zwischen 23 und 5 Uhr wird ein **Zuschlag** von 20 % erhoben.

Da die Fahrer oftmals kein oder nur sehr gebrochen **Englisch** sprechen, ist eine schriftliche Adresse oder eine Visitenkarte (z. B. des Hotels) hilfreich. Man kann das Fahrziel auch auf einem Stadtplan zeigen oder lässt sich die japanischen Schriftzeichen an der Hotelrezeption auf ein Stück Papier notieren. Da heutzutage fast alle Taxis mit Navis ausgestattet sind, gibt es aber kaum noch Probleme, das Fahrziel zu finden.

Die japanischen Taxifahrer sind **ausgesprochen ehrlich:** Man muss sich also nicht sorgen, dass der Fahrer mit ortsunkundigen Fahrgästen eine halbe Weltreise unternimmt.

Wetter und Reisezeit

Grundsätzlich ist Kyoto ein **ganzjähriges Reiseziel**, es gibt jedoch einige Faktoren, die man berücksichtigen sollte. Im Hinblick auf das Klima sind **Frühling** und **Herbst** am angenehmsten, mit moderaten Temperaturen und einer oft relativ stabilen Schönwetterlage. Ab Ende März kann man sich langsam an den steigenden Temperaturen erfreuen und tagsüber durchaus schon mal T-Shirt-Wetter erleben, jedoch kühlt es sich abends noch deutlich ab. Der Mai ist klimatisch sicher einer der angenehmsten Monate mit Tagestemperaturen von 22 bis 25 °C. Im Verlauf des Junis beginnt die **Regenzeit** mit regelmäßigen, intensiven Schauern, die jedoch

Die Shinkansen-Fernzüge haben mitunter ein ausgefallenes Design

oft nur kurz andauern. Aber da natürlich auch die Temperatur ansteigt, empfinden viele das Wetter als sehr schwül und drückend. Der August ist ausgesprochen heiß: Fast täglich wird die 30 °C-Marke deutlich überschritten. Besonders im Herbst, ab Anfang Oktober, kann man sich auf einen blauen Himmel und Tagestemperaturen von gut 20 °C freuen und erst ab Ende November beginnt die moderate **Winterperiode**, in der es aber nur selten friert.

Neben dem Wetter sollte man bei der Reiseplanung auch saisonale Faktoren berücksichtigen. Rund um den **ersten Mai** feiern die Japaner die **Goldene Woche** – dann haben viele Arbeitnehmer mehrere Tage am Stück frei, die sie gern zum Verreisen nutzen; häufig ist Kyoto das Ziel. Die Hotelkapazitäten werden knapp (und teuer), die Stadt ist voller Menschen und die Sehenswürdigkeiten werden intensiv besucht. Auch zur **Herbstlaubfärbung** ab Mitte November kommen viele Besucher in die alte Kaiserstadt, die Auslastung ist vergleichbar mit der Goldenen Woche. Rund um den 31. Dezember ist ebenfalls Hauptreisezeit, in den ersten Januartagen sind viele Schreine und Tempel überlaufen. Die absolute **Hochsaison** bildet jedoch die Zeit der **Kirschblüte** (s. S. 79) von Ende März bis Mitte April. Die Stadt platzt dann aus allen Nähten, Menschenmassen schieben sich durch Straßen, Tempel und Schreine. Die Stadterkundung ist dann sehr anstrengend, da auch die öffentlichen Verkehrsmittel mit einer 200 %igen Auslastung zu kämpfen haben. Wer nicht auf die Kirschblüte fixiert ist, sollte deshalb lieber im Mai (nach dem siebten Mai) oder im Herbst zwischen Mitte September und Mitte November nach Kyoto reisen.

Wetter in Kyoto

Durchschnitt	Jan	Febr	März	Apr	Mai	Juni	Juli	Aug	Sept	Okt	Nov	Dez
Maximale Temperatur	10°	10°	13°	18°	23°	25°	29°	31°	27°	21°	17°	12°
Minimale Temperatur	1°	2°	4°	10°	15°	19°	22°	24°	20°	14°	9°	4°
Regentage	4	6	9	10	10	12	10	8	11	9	6	4

⊳ Mangas sind eine globale Erfolgsgeschichte und die Charaktere in Form von Plastikfiguren ein beliebtes Sammelobjekt

ANHANG

052ky-ld

Kleine Sprachhilfe Japanisch

Für das Sprechen gilt: Kein Ausländer wird ohne Probleme japanische Sätze bilden können, die auch immer verstanden werden. Dennoch: Sich zu bemühen, kommt in Japan immer gut an, vor allem, wenn man weit davon entfernt ist, perfekt Japanisch zu sprechen.

Aussprache

Vokale werden im Japanischen wie im Deutschen normalerweise **kurz** ausgesprochen. **Lang gesprochene Vokale** sind in der Standard-Umschrift durch ō, ū, ā, ē und ii wiedergegeben. Das lange ō kann, abhängig vom Silbensystem, auch als „ou" geschrieben sein.

„ei" wird nicht als Diphtong wie in „gekochtes Ei" gesprochen; sondern das japanische Wort für schön, *kirei,* wird richtigerweise „kirey" ausgesprochen.

Vokale wie u und i werden oftmals nur angedeutet: *desu* spricht man „dess", in *Hajime-mash(i)te* hört man das zweite i kaum.

Konsonanten wie ch, sh, j, w, y, z werden wie im Englischen ausgesprochen. Das r ist eine Mischung aus r und l mit Tendenz zum l.

Allgemeines

Deutsch	Japanisch (Aussprache)	Japanisch (Schrift)
Guten Tag	Kon-nichi-wa	こんにちは
Guten Morgen	Ohayō gozai-masu	おはようございます
Guten Abend	Konban-wa	こんばんは
Gute Nacht	Oyasumi-nasai	おやすみなさい
Schön, Sie kennenzulernen.	Hajime-mashite.	はじめまして。
Wie geht es Ihnen?	O-genki-desu-ka?	お元気ですか。
Auf Wiedersehen	Sayonara	さよなら
Mein Name ist ...	Watashi wa ... desu.	私は・・・です。
Sprechen Sie Englisch?	Eigo ga hanase masu ka?	英語が話せますか。
Ja/Nein	Hai/Iie	はい/いいえ
Vielen Dank	Arigatō gozaimasu	ありがとうございます
Bitte, gern geschehen	Dō-itashi-mashite	どういたしまして
Entschuldigung	Sumimasen	すみません
Es tut mir leid.	Gomen-nasai.	ごめんなさい。
Bitte (wenn man um etwas höflich bittet)	Onegai-shimasu	お願いします
Bitte (bei einer Bestellung etc.)	Kudasai	下さい
Verstehen Sie?	Wakarimasu ka?	分かりますか。
Ja, ich verstehe.	Hai, wakarimasu.	はい、分かります。
Nein, ich verstehe nicht.	Iie, wakarimasen.	いいえ、分かりません。
Einen Moment bitte	Sukoshi matte kudasai	少し待って下さい
In Ordnung	Daijōbu/Okkē	大丈夫/オッケー
Hilfe!	Tasukete!	助けて！

+++ Die wichtigsten Wörter mit dem Bonus-Audiotrack des Kauderwelsch-

Vorsicht!	Abunai!/Kio-tsukete!	危ない！/ 気をつけて！
Rufen Sie die Polizei!	Keisatsu o yonde kudasai!	警察を呼んで下さい!
Ich brauche einen Arzt.	O-isha san ni mite moraitaidesu.	お医者さんに見て もらいたいです。
Mir geht es gar nicht gut.	Kibun ga warui desu.	気分が悪いです。
Ich habe hier Schmerzen.	Koko ga itai desu.	ここが痛いです。
Ich habe Fieber.	Netsu ga arimasu.	熱があります。
Ich habe eine starke Erkältung.	Hidoku kaze o-hiite imasu.	ひどく風邪を ひいています。
Apotheke	Kusuriya/Yakkyoku	薬屋/薬局
Krankenhaus	Byōin	病院
Können Sie mir helfen?	Sumimasen ga oshiete?	すみませんが教 えてけますか.
Wo kann ich eine Fahrkarte kaufen?	Kippu wa doko de kaemasu ka?	切符はどこ で買えますか.
Wo ist der nächste Bahnhof?	Ichiban chikai eki wa doko desu ka?	一番近い駅はどこ ですか.
Zum Bahnhof bitte.	Eki made onegaishimasu.	駅までお願いします。
Wie viel Uhr ist es?	Ima nan-ji desu-ka?	今何時ですか.
0, 1, 2, 3,4, 5	zero, ichi, ni, san, shi/yon, go	ゼロ、一、二、三、 四、五
6, 7, 8, 9, 10	roku, shichi/nana, hachi, kyū, jū	六、七、八、九、十
100, 200	hyaku, nihyaku	百、二百
1000, 2000	sen, nisen	千、二千
10.000, 20.000	ichiman, niman	一万、二万
Montag	Getsu-yōbi	月曜日
Dienstag	Ka-yōbi	火曜日
Mittwoch	Sui-yōbi	水曜日
Donnerstag	Moku-yōbi	木曜日
Freitag	Kin-yōbi	金曜日
Samstag	Do-yōbi	土曜日
Sonntag	Nichi-yōbi	日曜日

Rund ums Essen

Guten Appetit	Itadaki-masu	いただきます
Prost	Kampai	乾杯
Entschuldigung (um die Bedienung zu sich zu rufen)	Sumimasen	すみません
Bitte bringen Sie mir die Speisekarte.	Menyū o misete kudasai.	メニューを 見せて下さい。
Was kostet das?	Kore wa ikura desu ka?	これはいくらですか.
Was ist das?	Kore wa nan desu ka?	これは何ですか.
Haben Sie auch vegetarische Gerichte?	Bejitarian-menyu wa arimasuka?	ベジタリアンメニュ ーはありますか.

Was können Sie mir empfehlen?	O-susume wa nan desu ka?	お勧めは何ですか.
Haben Sie ein Menü?	Setto menyū wa arimasuka?	セットメニューはありますか.
(Ein Glas) Wasser bitte.	O-mizu o kudasai.	お水を下さい。
Akzeptieren Sie Kreditkarten?	Kurejitto kādo wa tsukaemasu ka?	クレジットカードは使えますか.
Wo ist die Toilette?	Toire wa doko desu ka?	トイレはどこですか.
Die Rechnung bitte.	O-kaikei onegai-shimasu.	お会計お願いします。
Frühstück	asa-gohan	朝ごはん
Mittagessen	hiru-gohan	昼ごはん
Abendessen	ban-gohan	晩御飯
Gabel	fōku	フォーク
Messer	naifu	ナイフ
Löffel	supūn	スプーン
Tasse	koppu	コップ
Teller	sara	皿
Stäbchen	hashi	箸
heiß	atsui	熱い
kalt	tsumetai	冷たい
scharf	karai	辛い
süß	amai	甘い
hungrig	onaka ga sukimashita	おなかが空きました
köstlich	oishii	おいしい
ohne Fleisch	niku-nashi	肉無し
vegetarisch	begitarian	ベジタリアン
frittiert	age-mono	揚げ物
gegrillt	yaki-mono	焼き物
Schweinefleisch	buta-niku	豚肉
Rindfleisch	gyū-niku	牛肉
Hühnerfleisch	tori-niku	鶏肉
Fisch	sakana	魚
Krebsfleisch	kani	蟹
Kugelfisch	fugu	ふぐ
Lachs	sake	酒
Lachseier	ikura	いくら
Meerbrasse	tai	鯛
Oktopus	tako	蛸
Thunfisch	maguro	鮪
Tintenfisch	ika	いか

Register

Der Autor

Bereits als Teenager reiste **Lars Dörenmeier** viel und ausgiebig durch Europa und studierte später unter anderem in Belgien und Schweden. Nach erfolgreicher Beendigung seines Studiums der Geschichts- und Sportwissenschaften arbeitete er einige Zeit als Journalist, bevor es ihn wieder in die Ferne zog: Er unterrichtete drei Jahre in Japan und nutzte die Zeit, um Land und Leute ausgiebig kennenzulernen. Der gebürtige Westfale lebt heute in Berlin und bereist als freier Journalist, Fotograf sowie Studienreiseleiter die Welt, wobei Nordeuropa, Südost- und Ostasien seine Schwerpunkte darstellen. Bei Reise Know-How sind von ihm die CityTrip-Bände Helsinki, Kopenhagen, Stockholm, Göteborg und Saigon (Ho-Chi-Minh-Stadt) erschienen.

Schreiben Sie uns

Dieses Buch ist gespickt mit Adressen, Preisen, Tipps und Daten. Unsere Autoren recherchieren unentwegt und erstellen alle zwei Jahre eine komplette Aktualisierung, aber auf die Mithilfe von Reisenden können sie nicht verzichten. Darum: Teilen Sie uns bitte mit, was sich geändert hat oder was Sie neu entdeckt haben. Gut verwertbare Informationen belohnt der Verlag mit einem Sprachführer Ihrer Wahl aus der Reihe „Kauderwelsch".

Kommentare übermitteln Sie am einfachsten, indem Sie die Web-App zum Buch aufrufen (siehe Umschlag hinten) und die Kommentarfunktion bei den einzelnen auf der Karte angezeigten Örtlichkeiten oder den Link zu generellen Kommentaren nutzen. Wenn sich Ihre Informationen auf eine konkrete Stelle im Buch beziehen, würde die Seitenangabe uns die Arbeit sehr erleichtern. Unsere Kontaktdaten entnehmen Sie bitte dem Impressum.

Impressum

Lars Dörenmeier

CityTrip Kyoto

1. Auflage 2019

ISBN 978-3-8317-3229-6

Druck und Bindung:
mediaprint solutions GmbH, Paderborn

Herausgeber: Klaus Werner
Layout: amundo media GmbH (Umschlag, Inhalt), Peter Rump (Umschlag)
Lektorat: amundo media GmbH
Karten: Ingenieurbüro B. Spachmüller, amundo media GmbH
Anzeigenvertrieb: KV Kommunalverlag GmbH & Co. KG, Alte Landstraße 23, 85521 Ottobrunn, Tel. 089 928096-0, info@kommunal-verlag.de
Kontakt: Osnabrücker Str. 79, 33649 Bielefeld, info@reise-know-how.de

Alle Angaben in diesem Buch sind gewissenhaft geprüft. Preise, Öffnungszeiten usw. können sich jedoch schnell ändern. Für eventuelle Fehler übernehmen Verlag wie Autor keine Haftung.

Bildnachweis

Umschlagvorderseite: © Natalia Pushchina – Dreamstime.com | Umschlagklappe rechts: Lars Dörenmeier (der Autor)
Soweit ihre Namen nicht vollständig am Bild vermerkt sind, stehen die Kürzel an den Abbildungen für die folgenden Fotografen, Firmen und Einrichtungen. Lars Dörenmeier: ld

Liste der Karteneinträge

櫟谷宗像神社
Ichitani-munakata-jinja Shrine
1分
大悲閣(千光寺)
Daihikaku (Senkoji Temple)
18分
嵐山
モンキーパーク

072kv-ld

Hier nicht aufgeführte Nummern liegen außerhalb der abgebildeten Karten. Ihre Lage kann aber wie die von allen Ortsmarken im Buch mithilfe der Web-App angezeigt werden (s. S. 144).

Kyoto mit PC, Smartphone & Co.

QR-Code auf dem Umschlag scannen oder **www.reise-know-how.de/citytrip/kyoto19** eingeben und die **kostenlose Web-App** aufrufen (Internetverbindung zur Nutzung nötig)!

★**Anzeige der Lage und Satellitenansicht aller** beschriebenen Sehenswürdigkeiten und weiteren Orte
★**Routenführung** vom aktuellen Standort zum gewünschten Ziel
★**Exakter Verlauf** des empfohlenen Stadtspaziergangs
★**Audiotrainer** der wichtigsten Wörter und Redewendungen
★**Updates** nach Redaktionsschluss

GPS-Daten zum Download

Die GPS-Daten aller Ortsmarken und des Spaziergangs können hier geladen werden: www.reise-know-how.de, dann das Buch aufrufen und zur Rubrik „Datenservice" scrollen.

Stadtplan für mobile Geräte

Um den Stadtplan auf Smartphones und Tablets nutzen zu können, empfehlen wir die App „Avenza Maps" der Firma Avenza™. Der Stadtplan wird aus dieser App heraus geladen und kann dann mit vielen Zusatzfunktionen genutzt werden.

Die Web-App und der Zugriff auf diese über QR-Codes sind eine freiwillige, kostenlose Zusatzleistung des Verlages. Der Verlag behält sich vor, die Bereitstellung des Angebotes und die Möglichkeit der Nutzung zeitlich und inhaltlich zu beschränken. Der Verlag übernimmt keine Garantie für das Funktionieren der Seiten und keine Haftung für Schäden, die aus dem Gebrauch der Seiten resultieren. Es besteht ferner kein Anspruch auf eine unbefristete Bereitstellung der Seiten.

Zeichenerklärung

11 Hauptsehenswürdigkeit

Arzt, Apotheke, Krankenhaus
Bar, Bistro, Treffpunkt
Biergarten, Pub, Kneipe
Café, Eiscafé, Teehaus
Fischrestaurant
Galerie
Geschäft, Kaufhaus, Markt
Hotel, Unterkunft
Imbiss
Informationsstelle
Jugendherberge, Hostel
Museum
Musikszene, Disco, Klub
Polizei
Post
Restaurant
★ Sehenswürdigkeit
Sonstiges
Sport-/Spieleinrichtung
Tempel
Theater
U-Bahn-Station
Vegetarisches Restaurant

Stadtspaziergang (s. S. 11)
Shoppingareale
Gastro- und Nightlife-Areale

Bewertung der Attraktionen

★★★ nicht verpassen
★★ besonders sehenswert
★ wichtig für speziell interessierte Besucher